An mir selbst wachsen...!

Durch Selbstachtsamkeit zu mehr Lebensqualität

An mir selbst wachsen…!

Durch Selbstachtsamkeit zu mehr Lebensqualität

Martin Bürki

Bibliografische Information der Deutschen Nationalbibliothek:
Die Deutsche Nationalbibliothek verzeichnet diese Publikation in der
Deutschen Nationalbibliografie; detaillierte bibliografische Daten sind im
Internet über http://dnb.dnb.de abrufbar.

Korrektorat: satzbausatz, Federweg 22, 3008 Bern

Coverbilder: Kulli Steger Nicole, 8888 Heiligkreuz (Mels)

Herstellung und Verlag: BoD – Books on Demand, Norderstedt

ISBN: 978-3-7568-6095-1

Inhalt

VORWORT

Wollen Sie mehr über sich selbst erfahren und Ihre Lebensqualität verbessern? Falls ja, sei Ihnen dieses Buch ans Herz gelegt! Es handelt von einem Thema, das in einer schnelllebigen Zeit sowohl im privaten Leben als auch in der sich stark wandelnden Arbeitswelt von zentraler Bedeutung ist: der Selbstachtsamkeit. Der hohe Stellenwert resultiert insbesondere daraus, da es sich um ein zutiefst menschliches Thema handelt. Dabei geht es um Fragen, wie achtsam und respektvoll wir mit uns selbst umgehen. Stehen wir zu uns und unseren Werten oder missachten wir sie? Das Buch beschreibt, wie wir unsere Selbstachtsamkeit in den verschiedenen Lebensrollen leben und fördern können und wie wir besser für unsere Bedürfnisse einstehen können. Ein fundierter Theoriebezug und praktische Beispiele zeigen auf, wie wir mehr Bewusstsein für uns selbst und andere gewinnen können.

Was hat mich dazu bewogen, dieses Buch zu schreiben? Einerseits war es mein langersehnter Traum, andererseits regte sich der Wunsch in mir, etwas von meinen Erfahrungen als Coach und individualpsychologischer Berater weiterzugeben. Zudem hatte sich die Thematik in den letzten Jahren in verschiedenster Art und Weise in den Coachingsitzungen akzentuiert. Dies war dann der finale Auslöser, mein Wissen darüber zu vertiefen und mit anderen zu teilen.

Es ist empfehlenswert, das Buch von vorne nach hinten zu lesen, da es nach den einführenden Gedanken einen Bogen von der Geburt und der Persönlichkeitsentwicklung über wichtige Aspekte in zwischenmenschlichen Beziehungen und der Beziehungsgestaltung zu sich selbst bis zum Tod spannt. Es kann aber auch kapitelweise gelesen oder spontan – in verschiedensten Situationen – als Nachschlagewerk verwendet werden.

Nun wünsche ich Ihnen viele weitergehende (Selbst-) Erkenntnisse, neue Inspirationen für Ihr Leben und ganz einfach viel Freude bei der Lektüre.

«Lesen und erkennen Sie wohl!»

Martin Bürki   Rüthi, im November 2022

EINFÜHRENDE GEDANKEN

Bei der Kunst des Lebens ist der Mensch sowohl der Künstler als auch der Gegenstand seiner Kunst. Er ist der Bildhauer und der Stein, der Arzt und der Patient.

Erich Fromm

Nicht durch das Erkennen, sondern durch ein Erleben der Welt kommen wir in ein Verhältnis zu ihr.

Albert Schweitzer

Politik fordert Partei,
Menschlichkeit verbietet Partei.

Hermann Hesse

Haben Sie sich schon einmal eingehender gefragt, wie Sie mit sich umgehen? Oder vergehen die Stunden, Tage und Wochen so schnell, dass Sie glauben, keine Zeit für solche Fragen zu haben? Es ist oftmals bequemer, Dinge zu ignorieren, statt sich ihrer bewusst zu werden. Im Alltag ist es vermeintlich einfacher, über diese Fragen hinwegzusehen, als neue Wege zu gehen. Selbstachtung hat – wie es das Wort ausdrückt – zur Folge, sich selbst zu achten und in der Art und Weise mit sich umzugehen, wie es den eigenen Vorstellungen entspricht. Sind diese Vorstellungen bewusst? Werden sie gleichberechtigt für sich und andere angewendet? Gibt es unterschiedliche Vorstellungen? Wer nicht in angemessener Form für seine Werte eintritt, das eigene Selbst nicht zum Ausdruck bringt oder das «So-Sein» nicht behauptet, verletzt seine Selbstachtung. Wem ist dies nicht schon passiert: Man schweigt, statt zu reden, oder verleiht seinen wahren Überzeugungen und Gefühlen keinen Ausdruck. Dafür gibt es sicherlich Gründe, die der eigenen Rechtfertigung dienen. Letztlich ist man nicht für sich selbst eingestanden und hat somit die eigene Selbstachtung verletzt. In diesem Kapitel werden einige grundsätzliche Gedanken ausgeführt, um die Voraussetzung für ein besseres Verständnis der vielschichtigen Zusammenhänge zu schaffen.

Das zugrunde liegende Menschenbild

Wir alle tragen ein Bild sowohl von uns als auch von den anderen in uns. Im Laufe der Zeit haben wir uns ein Grundverständnis angeeignet, wer wir sind. Dieses Bild des Menschen ist für den Umgang mit uns selbst und den anderen wichtig, um nicht zu sagen entscheidend. Warum? Weil dieses Menschenbild einer Haltung entspricht, die den Umgang mit uns selbst und anderen leitet. Welches Menschenbild bewirkt, dass ich mich selbst als angenehm erlebe und die anderen ebenfalls als angenehm empfinde? Alfred Adler, der Begründer der Individualpsychologie, hat dazu Aussagen gemacht, die für den Aspekt der Selbstachtung[1] wie folgt zusammengefasst werden können (Ansbacher & Ansbacher, 1995): Der Mensch ist ein soziales Wesen, das ohne die Zuneigung und die Betreuung von Bezugspersonen nicht überleben kann. Jeder Mensch ist

---

[1] Die Individualpsychologie ist – im Gegensatz zur heutigen Bedeutung des Wortes «individuell» – eine Sozialpsychologie, in der es auch um das Zusammenleben in der Gemeinschaft geht. So prägte Alfred Adler die Begriffe der «eisernen Logik des Zusammenlebens» und des «Gemeinschaftsgefühls».

wertvoll und gleich viel wert wie sein Gegenüber.[2] Der Mensch ist, wie das Wort Individuum besagt, unteilbar, er ist somit eine Ganzheit.[3] Er ist auf Beziehungen zu anderen Menschen angewiesen, da er bei seiner Geburt allein nicht überlebensfähig ist. Er macht sich in den ersten Lebensjahren im Austausch mit seinen primären Bezugspersonen ein Bild von sich, den anderen und der Welt. Adler spricht vom Lebensstil. Dieser Begriff der Individualpsychologie ist im allgemeinen Sprachgebrauch am ehesten mit «Charakter» oder «Persönlichkeit» gleichzusetzen. Adler betont dabei die kompensierende Eigenschaft des Lebensstils, da dieser die individuelle Antwort des Menschen auf das selbst erfahrene und meist unbewusst akzeptierte «Nichtgenügen» im Austausch mit seiner Umwelt darstellt.

Wie entsteht die Persönlichkeit eines Menschen?

Grundsätzlich wird die Persönlichkeit in den ersten Lebensjahren gebildet. Sie wird durch verschiedene Faktoren beeinflusst: «nature» und «nurture». Diese beiden Schlagworte umreissen einen alten Streit, welche Faktoren den Menschen mehr bestimmen: seine Genetik («nature») und die daraus resultierende körperliche Beschaffenheit oder die «weichen» Faktoren der Sozialisation («nurture»). Weiche Faktoren sind beispielsweise das soziale Geschlecht («gender») und die daran geknüpften Erwartungen, die Familienkonstellation und der Erziehungsstil. Hinzu kommt eine Art schöpferische Kraft des

---

[2] Diese Gleichwertigkeit ist eine wichtige Voraussetzung für die Selbstachtung, da sie mitunter deren Wahrnehmung legitimiert.
[3] Dennoch gibt es in der abendländischen Tradition die Dreiteilung des Menschen in Leib, Geist und Seele. Diese Aufteilung dient hier dazu, die Komplexität des Menschen zu erfassen und dem Zusammenwirken dieser drei Aspekte Rechnung zu tragen.

Kindes, die es ihm ermöglicht, die wahrgenommenen Dinge zu deuten und diese auch wieder zu verwerfen. Das heisst, dass für die Entstehung der Persönlichkeit objektive, reale Dinge nicht relevant sind, sondern deren subjektive Deutung. Nimmt das Kind beispielsweise die elterliche Mimik wahr, entwickelt diese Wahrnehmung, für sich genommen, nicht die Persönlichkeit des Kindes. Erst die Einordnung der Mimik und die (Be-)Deutung, die das Kleinkind dieser Wahrnehmung in diesem Moment zuweist, tragen zu seiner Persönlichkeitsentwicklung bei. Dies ist im Erwachsenenalter auch so. Daher empfiehlt es sich in vielerlei Hinsicht, zwischen der Wahrnehmung und ihrer Deutung zu unterscheiden. Die Folge sind weniger Selbstzweifel, weniger Potenzial für Missverständnisse, weniger Vermutungen, die sich selbst verstärken, weniger Belastungen.

Dazu folgendes Beispiel: Jemand sieht, wie eine alte, ganz in Schwarz gekleidete Frau die Strasse überquert. Unwillkürlich denkt dieser Jemand, dass die Frau in Trauer ist: Ist ihr Mann, ihr Kind, ihre beste Freundin gestorben? Dies ist jedoch bloss eine Vermutung, denn das einzig Sichere ist, dass die Person eine schwarz gekleidete Frau sieht. Vielleicht trägt die Frau auch immer schwarze Kleider, einfach weil ihr das so gefällt. Vielleicht hat sie ihre übrige Bekleidung gerade in die Reinigung gebracht. Oder vielleicht ist ihr am Morgen ein Missgeschick passiert und ihr neues Kleid ist dabei dreckig geworden – es gibt viele Erklärungsmöglichkeiten. Dies ist ein einfaches Beispiel, das sich auf das Leben der Beteiligten wahrscheinlich nicht auswirken wird.

Explosiver ist die folgende Situation: Eine Frau ruft ihre Bekannte an, um sich von deren Geburtstagsfeier abzumelden. Wenn die einladende Gastgeberin die Absage als Zurückweisung versteht

(«Sie hat was gegen mich!»), fängt die Vermutungsspirale an, sich zu drehen. Das Eskalationspotenzial geht bis zu einer immerwährenden Feindschaft. Eine direkte Klärung ist deswegen selbstachtsam und angesagt, weil nur so ein mögliches Missverständnis mit belastenden Folgen verhindert werden kann.

Oftmals seufzen Eltern ratlos: «Weshalb sind unsere Kinder so unterschiedlich? Wir haben doch alle gleich erzogen!» Die nachfolgenden Aspekte geben eine Antwort darauf und zeigen auf, dass kein Kind die gleiche Ausgangslage für die Entwicklung seiner Persönlichkeit hat. Durch diese Betrachtungsweise kann erkannt und nachvollzogen werden, dass jeder Mensch der Schöpfer seiner eigenen Welt ist.

«Nature»: genetische Faktoren

Unter diesen Faktoren sind diejenigen Aspekte zu verstehen, die vererbt werden. Dazu gehört die Beschaffenheit unseres Körpers (Körperbau), unsere genetischen Anlagen und die Beschaffenheit der Organe.

Eine körperliche Behinderung kann sich auch auf die Bildung der Persönlichkeit auswirken, und zwar entweder durch Entmutigung, Resignation oder durch Kompensation und Resilienz (Widerstandsfähigkeit). Kommt ein Kind beispielsweise blind auf die Welt, kann es mit seinem Schicksal und der Ungerechtigkeit hadern oder aber diese Behinderung in einen anderen Rahmen stellen. Vielleicht bemerkt es, dass es zwar nichts sieht, aber dafür umso feiner hört, riecht und tastet. Vielleicht kommt es deswegen zu dem Schluss, dass die Vorteile einer so feinen Sinneswahrnehmung die Nachteile des Blindseins ausgleichen können. Wieder ist hier die Deutung der Tatsache der Baustein für die Persönlichkeitsentwicklung, nicht die Tatsache selbst.

«Nurture»: das soziale Geschlecht («gender»)

Die englische Sprache unterscheidet zwischen biologischem Geschlecht («sex») und sozialem Geschlecht («gender»). Das biologische Geschlecht wird durch das Vorhandensein primärer Geschlechtsorgane bestimmt. Hier geht es jedoch nicht primär um das Geschlecht an sich, sondern um die Rolle, um die Bedeutung, die einem Geschlecht in der Familie, in der Gesellschaft und in der Kultur zukommt. Welche Bedeutung misst eine Familie dem Geschlecht bei? Ist es für ein Ehepaar wichtiger, ein Mädchen oder einen Knaben zu bekommen? Zudem spielt die Reihenfolge der Geschwister eine Rolle (einziges Mädchen unter Knaben oder einziger Knabe unter Mädchen). In einer eher männlich orientierten Familie kann ein Mädchen beispielsweise das Verhalten eines Jungen annehmen oder ein Knabe, der sich als Junge unterlegen fühlt, kann eher weibliche Züge übernehmen.

Die Familienkonstellation

Bei der Familienkonstellation sind neben den Werten, die in einer Familie gelten, die soziale Stellung (Arbeiter-, Akademiker-, Mittelstandsfamilie, berühmte Eltern), die Beziehung zu den eigenen Eltern, die Geschwisterreihe und die Familienatmosphäre zentrale Aspekte.

In der Familie lernt und entwickelt das Kind die Fähigkeit, Beziehungen einzugehen, die dann auch als Vorbild dienen, wie das Kind diese in der Umwelt (Tagesstätte, Kindergarten, Schule) lebt. Das Kind versucht, seinen Platz in der Familie zu finden. Sein Streben ist darauf ausgelegt, ein Gefühl der Sicherheit, ein Gefühl des Dazugehörens zu erreichen. Es entwickelt und pflegt diejenigen Eigenschaften, von denen es sich Bedeutung verspricht. Es beeinflusst damit die anderen Familienmitglieder, die es ihrerseits beeinflussen.

Bei der Geschwisterreihe kann zwischen dem Einzelkind, dem ersten, dem zweiten, dem mittleren (von dreien oder in grösseren Familien) und dem jüngsten Kind unterschieden werden. **Das Einzelkind** hat einen schweren Start, da es in seiner ganzen Kindheit das einzige Kind unter Erwachsenen ist, die mehr können. Es kann dann versuchen, Fertigkeiten zu entwickeln, von denen es sich Bedeutung bei den Erwachsenen verspricht. Es setzt sich hohe Ziele, da es sich an den Standards der Erwachsenen misst. Bei den Eltern ist zu unterscheiden, ob sie mehr als ein Kind wollten, aber keine mehr haben konnten, oder ob sie gar kein Kind haben wollten. Im ersten Fall ist die Versuchung gross, dass Eltern eine einengende und oder auch überbehütende Beziehung zu ihrem Nachwuchs entwickeln. Im letzteren Fall besteht das Risiko, dass das Kind abgelehnt wird – entweder prägen dann Kälte und Gefühlsarmut die Kindheit oder eine übermässige Besorgtheit, wenn sich die Eltern vor ihrem Kind schuldig fühlen, um ihre wahren Gefühle zu verbergen. Ein Einzelkind kann – aus diesen Überlegungen heraus – Schwierigkeiten in der Beziehungsgestaltung zu Gleichaltrigen entwickeln.

Mögliche Merkmale für Einzelkinder sind:

- im Mittelpunkt stehen wollen,
- tendenziell nur an sich selbst interessiert sein,
- ehrgeizig sein,
- erfolgsorientiert sein,
- unsicher sein, weil die Eltern Verlustängste haben («Du bist alles, was wir haben!»).

Das **erste Kind** ist in den meisten Fällen für einige Zeit ein Einzelkind, und zwar so lange, bis das zweite geboren wird. Es hat in dieser Zeit die ungeteilte Aufmerksamkeit der Eltern, die neu in dieser Rolle sind. Durch die Geburt des zweiten Kindes kann es entmutigt werden: Die Geburt eines Geschwisters kann für erstgeborene Kinder auch als «Entthronung» bezeichnet werden. Es besteht die Tendenz, Verantwortung zu übernehmen, sich verantwortlich zu fühlen.

Mögliche Merkmale des ersten Kindes:

- kann sich durch die Fortschritte des zweiten Kindes bedroht fühlen,
- versucht durch Überlegenheit gegenüber dem anderen Kind «erste*r» zu bleiben,
- fühlt sich möglicherweise nicht mehr so geliebt, weil es bemerkt, wie sehr sich die Eltern um das Neugeborene kümmern,
- um die Oberhand zu behalten, kann es das kleine Geschwisterkind als grosser Bruder oder grosse Schwester beschützen.

Das zweite Kind versucht, seinen älteren Bruder oder seine ältere Schwester zu erreichen. Häufig überholt es sein älteres Geschwister zu einem gewissen Zeitpunkt in seiner Entwicklung. Das zweite Kind kann sich herausgefordert fühlen, da es dem ersten nacheifert. Die Eltern haben erste Erfahrungen gemacht und dürften gegenüber dem zweiten Kind ruhiger und gelassener sein.

Mögliche Merkmale des zweiten Kindes:

- hat nie die ungeteilte Aufmerksamkeit der Eltern,
- steht immer an zweiter Stelle, was die Gleichwertigkeit für dieses Kind in Frage stellt,
- kann sich wie in einem Wettrennen fühlen und demzufolge sehr aktiv sein,
- kann sich tendenziell unsicher fühlen, wenn das erste Kind erfolgreich ist – sowohl in Bezug auf sich selbst als auch auf die eigenen Fähigkeiten,

- kann oftmals das Gegenteil des ersten Kindes sein, da die Rolle, die das erste ausfüllt, bereits besetzt ist,
- sucht die Anerkennung tendenziell weniger bei den Erwachsenen, sondern eher bei den Gleichaltrigen.

Beim mittleren Kind ist zu unterscheiden, ob es das mittlere von dreien oder von mehreren Kindern ist. Das mittlere Kind von dreien kann auch als «Sandwich-Kind» bezeichnet werden. Es kann sich vernachlässigt fühlen, da das ältere Geschwister mehr kann und das jüngere mehr Aufmerksamkeit erfährt. Beim mittleren Kind einer grösseren Familie dürften Konflikte zwischen den Geschwistern weniger stark ausgeprägt sein, da auch das «Streben nach Konkurrenz» untereinander kleiner ist. Die Eltern haben weniger Zeit, die Kinder zu bedienen, sie zu verwöhnen oder sich in die Beziehung einzumischen. Zudem hängen die Kinder mehr voneinander ab, müssen zusammenhalten und zusammenarbeiten. Sie sind faktisch gezwungen, Verantwortung für sich zu übernehmen.

Mögliche Merkmale des mittleren Kindes:

- hat weder die Rechte des älteren Kindes noch die Vorteile des jüngeren,
- kann sich dadurch auch weniger geliebt oder gar ungeliebt fühlen.

Das jüngste Kind wird im Gegensatz zu seinen älteren Geschwistern nie entthront. Diese Position hat einen Vor- und einen Nachteil: Einerseits kann es sich sehr schnell entwickeln, da es den Rückstand zu den anderen Geschwistern aufholen möchte, andererseits kann es sich gegenüber den anderen unterlegen und somit entmutigt fühlen.

Mögliche Merkmale des jüngsten Kindes: Es

- bekommt oft weniger Druck der Eltern zu spüren,
- hat die Möglichkeit, andere in seinen Dienst zu stellen (Babyrolle, gewohnt, dass andere für es Dinge entscheiden oder erledigen),
- kann sich möglicherweise von seinen Geschwistern nicht ernst genommen fühlen.

Zusammenfassend kann festgehalten werden, dass nur das Einzelkind und das Jüngstgeborene gleichbleibende Rollen haben. Das Einzelkind bleibt in seiner Rolle, weil es keine Geschwister hat, das Jüngste, weil es nur ältere Geschwister hat oder immer das «Nesthäkchen» bleibt.

Das erstgeborene Kind übernimmt die Rolle des Einzelkindes und diejenige des oder der Ältesten, während die mittleren Kinder in der Position sind, ältere und jüngere Geschwister zu haben.

Obwohl die genetischen Voraussetzungen bei gleichen Eltern ähnlich sind, die Eltern ihre Kinder auch nach Kräften gleich behandeln, können die Kinder aufgrund ihrer Position in der Familie ganz unterschiedliche Erfahrungen machen und diese auch unterschiedlich deuten. So kommen die grossen Unterschiede in der Geschwisterreihe zustande – ganz zu schweigen von den unbegrenzten, facettenreichen und nuancierten Interpretationen dieser Rollen im Alltag.

Die Familienatmosphäre kann am ehesten mit den Werten umschrieben werden, die in einer Familie gelten. Wenn beide Elternteile die gleichen Werte als wichtig erachten, können sich Familiennormen entwickeln, die die Familienatmosphäre prägen. Gehen die Familienmitglieder wohlwollend, freundschaftlich, wertschätzend oder unterdrückend, ablehnend, herabsetzend miteinander um? Lässt man die Türen sperrangelweit offen, angelehnt oder fest verschlossen – auch im übertragenen Sinne? Das Kind muss dann wohl oder übel zu diesen Normen einen Standpunkt einnehmen. Wenn ein Kind eher angepasst ist, wird es diese Werte und Normen vermutlich akzeptieren. Hat es eher ein rebellisches Temperament, wird es diesen Normen und Werten eher den Rücken zuwenden.

Je nach wahrgenommener Familienatmosphäre sind die Konsequenzen für das Kind unterschiedlich. Dabei müssen die geltenden Werte nicht einmal ausgesprochen sein – das Kind bemerkt sie an der Mimik, Gestik oder am Verhalten der Eltern. «Ein alter Indianer kennt keinen Schmerz!» – wenn in einer Familie ein solches Motto herrscht, kann dies die Familienatmosphäre stark prägen. Das Motto muss nicht einmal ausgesprochen werden: Das Kind bemerkt es an der ungehaltenen, vielleicht ablehnenden Mimik oder Gestik der Eltern, wenn es aus Schmerz weinen will. Dass dieses Kind im Erwachsenenalter Schwierigkeiten haben wird, seine Gefühle zu zeigen, dürfte auf der Hand liegen.

Der Erziehungsstil

Es gibt verschiedene Erziehungsstile, die von der autoritären bis zur antiautoritären Erziehung reichen. Der Unterschied zwischen diesen beiden Stilen liegt darin, wie viele Regeln und wieviel Strenge zu deren Durchsetzung verwendet werden. Bei der autoritären Erziehung gibt es viele Ge- und Verbote, und im Bedarfsfall werden diese mit Vehemenz durchgesetzt. Bei der antiautoritären Erziehung existieren Regeln und Strenge hingegen praktisch nicht.

Wie selbstachtsam ein Mensch später mit sich umgeht, hängt jedoch nicht so sehr vom autoritären oder antiautoritären Erziehungsstil ab, sondern von der folgenden Frage: Wird ein ermutigender oder ein entmutigender Erziehungsstil angewendet? **Der ermutigende Erziehungsstil** stärkt das Kind und bereitet sein Sozialverhalten auf das Leben vor – eine Erziehung zur Gemeinschaft, sodass das Kind später möglichst gut und selbstbestimmt durch das Leben gehen kann. Von diesem Erziehungsstil kann behauptet werden, dass er für das ganze Leben ausgelegt ist, weil er die Kinder in ihrer Entwicklung und in ihrer Einzigartigkeit unterstützt und respektiert. Zudem kann ihm eine existenzielle Bedeutung zugeschrieben werden, da er eine persönlichkeitsstärkende und -fördernde Wirkung hat. Es gilt, das Kind zu begleiten, wenn es sich impulsiv mit seiner Umwelt auseinandersetzt. Es soll sich altersadäquat mit den Folgen seines Handelns auseinandersetzen, um sein Wachstum zu fördern und sich von seinem eigenen Wert zu überzeugen. Das Kind erhält mit diesem Erziehungsstil die Bestätigung, dass es gut ist, wie es ist, und den Respekt anderer verdient. Vertrauen spielt dabei eine grosse Rolle: Das Kind soll sich auf seine Bezugspersonen verlassen können. Deswegen sind die primären Bezugspersonen wie die Eltern so wichtige Vorbilder.

Eine positive Erziehungshaltung der Eltern kann nach Posth auch «in der Ausgewogenheit und Sachbezogenheit ihres kommentierenden Eingreifens» (2009, S. 261) erkannt werden. «Das heisst, das verdiente Lob ist so förderlich wie der berechtigte Tadel» (Posth, 2009, S. 261).

Der entmutigende Erziehungsstil kann auch als falscher Erziehungsstil bezeichnet werden. Merkmale dafür sind Lieblosigkeit und Härte. Der Erziehungsperson geht es dabei um Macht. Es entsteht eine Hierarchie, ein «Oben und Unten». Tadel und Kritik werden als häufiges Erziehungsmittel eingesetzt, insbesondere dann, wenn das Kind Fehler macht. «... Komm, lass mich das machen ...» ist eine nicht selten gehörte Reaktion ungeduldiger Eltern.[4] Damit wird das Kind der Möglichkeit beraubt, sich selbst durchzukämpfen und zu lernen. Daraus kann das Kind ableiten, dass es wichtiger ist, Fehler zu vermeiden, als neue Herausforderungen anzugehen und zu meistern. Weiter besteht die Tendenz, Regelüberschreitungen des Kindes mit rigiden Sanktionen zu begegnen. Strafe ist dann eine willkürliche Massnahme und keine «logische Auswirkung» des Verhaltens. Die entmutigende Wirkung dieses Erziehungsstils hat zur Folge, dass das Kind mit Gefühlen der Ablehnung, des Hasses und des Misstrauens reagiert, und zwar nicht nur nach aussen, sondern auch nach innen. Selbstablehnung kann entstehen, weil es bestimmte Gefühle nicht ausleben darf. Um von seinen Eltern akzeptiert und geliebt zu werden, klammert es diese Gefühle aus

---

[4] «Ungeduld ist oft der Feind guter elterlicher Erziehungsmethoden» (Brandon, 2011, S. 212).

und entwickelt so eine Überlebensstrategie, für die es später einen Preis zahlen wird. Dann wird das Kind gefordert sein, sich diese Gefühle wieder mit gutem Gewissen zu erlauben.

An dieser Stelle sei es erlaubt, ein **Plädoyer gegen die Gewalt in der Erziehung** zu halten.

Gewalt bedeutet in diesem Zusammenhang, die Macht und die Mittel zu haben, um einen Menschen zu etwas zu zwingen oder von etwas abzuhalten – auch gegen seinen Willen. Diese Gewaltform kann physisch oder psychisch sein. Physische Gewalt richtet sich unmittelbar gegen den Körper, psychische gegen die Seele des oder der Betroffenen. Im Fall der psychischen Gewalt stellt sich die Frage, wo sie eigentlich beginnt.

«Eine Ohrfeige zur rechten Zeit hat noch niemandem geschadet» – diese Aussage ist schlicht falsch. Sie legitimiert die Gewalt des Stärkeren gegen den Schwächeren, während sie dem Opfer abspricht, eines zu sein. Die Ungeheuerlichkeit dieser Aussage wird nur von der Häufigkeit, mit der sie genannt wird, übertroffen.[5] Bestrafung, um Gehorsam oder Ordnung zu erzwingen, bewirkt, dass das Kind abgehalten wird, die Tat zu bereuen! Trotz- und Schuldgefühle werden neben Rachegelüsten geweckt. Damit wird der verheerende und unnütze Kreislauf von Fehlverhalten – Bestrafung – Wut – Rachegefühlen – erneutes Fehlverhalten in Gang gesetzt. Was verhindert werden sollte, wird durch die Bestrafung erst recht angeheizt!

---

[5] Sie wird damit weder wahrer noch glaubwürdiger …

Was bewirken also Bestrafung oder Gewalt bei einem Kinde? Genau das Gegenteil von dem, was die meisten Eltern für ihre Kinder wollen und wünschen: Selbstvertrauen, die Förderung der Selbständigkeit und die Möglichkeit, sich zu entfalten. Den eigenen Kindern soll es später einmal gut gehen. Sie sollen selbstbewusst durchs Leben gehen können, sich eine gute Ausbildung und einen spannenden Job zutrauen, möglichst nicht die Probleme haben, unter denen die Eltern gelitten haben. Wer sein Kind mit Gewalt erzieht, wird aber genau das Gegenteil erreichen. Neben dem physischen Schmerz wird das Kind gedemütigt, wird zum Objekt gemacht, fühlt sich ungeliebt, ohnmächtig und unverstanden. Zudem wird es in seiner Selbstachtung verletzt. Weiter kann es in seinen kognitiven Leistungen beeinträchtigt werden (z. B. Lern- und Konzentrationsschwierigkeiten). Der Hass wird geschürt und bei regelmässigem Einsatz von Gewalt kann ein Trauma entstehen. Spätfolgen können auch ein aggressives, kriminelles oder antisoziales Verhalten sein – viele erwachsene Gewalttäter und Gewalttäterinnen haben in ihrer Kindheit selbst Gewalt erfahren – ein Teufelskreis, wenn diese Menschen eigene Kinder aufziehen.

Auch die psychische Gewalt hinterlässt Spuren, denn auch sie ist schädlich. Sie fängt dort an, wo das Selbstvertrauen und das Vertrauen des Kindes in seine Bezugspersonen untergraben wird. Psychische Gewalt kann sich durch Schreien, Drohen, Demütigen, Angstmachen, Zurückweisen, Blossstellen oder

Liebesentzug (längere Zeit das Gespräch verweigern oder Aussagen wie «Ich habe dich nicht mehr lieb») äussern.[6]

Oftmals sind die Eltern überfordert, und es ist ein Zeichen der eigenen Hilflosigkeit, wenn sie mit Gewalt reagieren. Dessen sollten sich die Eltern bewusst sein und ihren Stress nicht über die Kinder abbauen. Eine hilflose und gewalttätige Reaktion ist nicht selbstachtsam und hat keine vorbildhafte Wirkung auf die Kinder. Selbstachtsam ist ein solches Verhalten insbesondere deshalb nicht, weil danach (richtiger- und berechtigterweise) Schuldgefühle aufkommen, das Kind schlecht behandelt zu haben.

Besser wäre es, sich in einer ruhigen Phase zu fragen, in welchen Momenten das Kind mit seinem Verhalten dieses negative Gefühl, das in einem selbst existiert, auslöst und welche Bedürfnisse sich dahinter verstecken, zum Beispiel Aufmerksamkeit, Anerkennung oder Macht. Die Entwicklung des Kindes kann durch die psychische Gewalt behindert werden, da es seine Orientierung und seinen Halt zu verlieren droht. Ebenso kann sich das Kind minderwertig oder wertlos fühlen.

Eine sehr subtile Art der psychischen Gewalt ist, wenn die Eltern ihrem Kind sagen, dass sie traurig sind, weil es nicht gehorcht hat («Du machst mich traurig, wenn du mir nicht gehorchst!»). Die Mutter oder der Vater versucht, mit einer solchen Aussage an das schlechte Gewissen des Kindes zu appellieren, um das ungehorsame Verhalten zu korrigieren oder die

---

[6] Die Aufzählung ist umfangreich, aber leider nicht abschliessend … (z. B. ignorieren, indem die kalte Schulter gezeigt wird, oder abwerten: «Bist du zu dumm für die Hausaufgaben?!»).

Kooperationsbereitschaft des Kindes zu erhöhen. Der Elternteil erhofft sich davon, dass das Kind einlenkt, weil es seine Eltern trösten will. Man könnte dem Kind stattdessen einfach direkt sagen, dass man mit seinem Verhalten nicht einverstanden ist («Ich bin nicht damit einverstanden, wenn du so mit deiner Schwester sprichst»)!

Fehler passieren in der Erziehung – das ist menschlich. Im Umgang mit Fehlern haben die Eltern eine sehr gute Möglichkeit, dem Kind zu zeigen, wie man vorbildlich damit umgeht. Es ist zentral und wichtig, dem Kind eine emotionale Sicherheit nicht nur zu geben, sondern diese auch zu leben. Die Zuwendung der Eltern sollte sich das Kind nicht verdienen müssen, sondern sie sollte stabil und zuverlässig gegeben werden. Das Kind sollte aus Erfahrung lernen können, dass es die Zuwendung der Eltern ohne Bedingungen bekommt. Dadurch fühlt sich das Kind in seiner Person auch geachtet. Es hat eine zuverlässige Anlaufstelle, wenn es ihm nicht so gut geht oder im schulischen Alltag etwas passiert ist, das es stark beschäftigt. Auch später in der Pubertät oder in der Adoleszenz brauchen die Jugendlichen die Eltern. Selbst wenn die Beziehungspflege in dieser Phase oftmals einseitig ist, ist es wichtig, dass sie bestehen bleibt. Das Eltern-Kind-Verhältnis geht in eine Beziehung wohlwollender Freundschaft über. Für das Kind da zu sein und damit implizit mitzuteilen «Ich interessiere mich für dich», wird zu einer neuen, wichtigen und zugleich herausfordernden Rolle für die Eltern.

Psychische Gewalt geschieht oft aus dem Affekt heraus. Sie zeigt die Hilflosigkeit der Eltern. Diese täten gut daran, sich darüber zu informieren, was das Kind in welchem Alter insbesondere in der Emotionsregulierung kann und inwieweit es überfordert ist. Sicherlich würde dies auch helfen, realistische und altersadäquate Forderungen an das Kind zu stellen. Eltern können ausserdem das Selbstvertrauen des Kindes fördern (Dinge beibringen, die für ein unabhängiges Leben benötigt werden, z. B. kochen oder Gegenstände reparieren). Damit wächst beim Kind das Vertrauen in seine Fähigkeiten stetig. Weiter kann dem Kind Verantwortung für Aufgaben in der Familie übertragen werden. Es leistet somit einen Beitrag zum Gelingen des Alltags (z. B. Haustiere füttern, Tisch decken oder ein Vorhaben eigenverantwortlich planen). Das Kind erfährt und entwickelt dabei das Gefühl, gebraucht zu werden, was für die Stärkung des Selbstwertgefühls wichtig ist. Daraus entsteht «Nahrung für die Selbstachtung», nämlich das Gefühl, «geliebt zu werden» und «kompetent zu sein» (André & Lelord, 2011, S. 24). Die Eltern können die Selbstachtung des Kindes auch fördern, indem sie auf ausgesprochene Selbstzweifel des Kindes eingehen. So ergibt sich die Gelegenheit, den Umgang mit diesem Gefühl vorzuleben. Dies ist wichtig, weil das Kind dann den sozialen Rückhalt spürt. Die Eltern sollen das Kind ihre echte Anteilnahme fühlen lassen und die Wahrnehmung des Kindes nicht bagatellisieren: «Ach, das ist doch nicht so schlimm ...» hilft eben meistens nicht. Das Kind darin zu unterstützen, eigene Lösungen zu finden, ist hilfreich, vertieft die Beziehung und stärkt die Selbstachtsamkeit.

Mit diesem im Zusammenhang stehenden Plädoyer sei aufgezeigt, dass Gewalt in der Eltern-Kind-Beziehung schadet, denn miteinander kommt man viel besser ans Ziel!

Ein weiterer entmutigender Erziehungsstil ist die Verwöhnung. Diese zeichnet sich durch eine «übertriebene Milde» und eine «übertriebenen Nachsicht» aus (Brunner, Kausen & Titze, 1985). Das Kind ist bei diesem Erziehungsstil versucht, seine Macht auszudehnen und die Erziehungsverantwortlichen gefügig zu machen.

Neben diesen vier Hauptaspekten der Persönlichkeitsbildung (genetische Faktoren, soziales Geschlecht, Familienkonstellation und Erziehungsstil) können auch wichtige, einschneidende Ereignisse einen Einfluss haben. Hier sind insbesondere Unfälle, Krankheiten, häufige Umzüge, Umzüge in ein anderes Milieu, Tod eines Elternteils oder eines Geschwisters, Aufnahme eines Familienangehörigen, Scheidung, Krieg, Hungersnöte, Pandemien oder sexuelle Schockerlebnisse zu nennen.

Zusammenfassend kann festgehalten werden, dass die Persönlichkeitsbildung von verschiedensten Komponenten abhängt und sich letztendlich als das subjektive, innerliche Ergebnis des kindlichen Dialogs mit der Aussenwelt darstellt. Der Mensch ist somit der Schöpfer seiner eigenen Welt mit Meinungen über sich, die anderen und die Welt. Dieses Thema wird im Kapitel «Wer oder was bin ich?» vertieft.

Wie entsteht das Gewissen?

Da das Gewissen eine wesentliche Grundlage für die Selbstachtung bildet, ist es wichtig, dessen Entstehung etwas näher zu betrachten.

Die Entstehung des Gewissens ist ein komplexer Prozess, der mit der kognitiven (die Wahrnehmung, das Denken und die Erkenntnis betreffend) Entwicklung und der Entwicklung der Gefühle im frühkindlichen Alter zusammenhängt. Dabei spielen die Gefühle Stolz und Scham sowie die Interaktion (aufeinander bezogenes Handeln und Wechselbeziehung zweier oder mehrerer Personen) mit den Bezugspersonen eine wichtige Rolle. Das Kind erwirbt sich in diesem psychodynamischen Prozess ein Bewusstsein für Sitte und Moral, Anstand und Rechtmässigkeit. Dabei orientiert sich das Kind bei seinem Urteil über sich selbst an den Reaktionen seiner Bezugspersonen, indem es diese Reaktionen interpretiert.

In späteren Phasen des Lebens (Pubertät, Adoleszenz) überprüfen Jugendliche die zuvor eingeübten Verhaltensmuster. Sie vergleichen und überprüfen sie mit neuen Werten, die von Gleichaltrigen vertreten werden. Anschliessend integrieren sie sie sukzessive in ein individuell gestaltetes Lebenskonzept. Dabei wird die Moral entwickelt, bei der sich das individuelle Gewissen gesellschaftlichen Normen und Werten unterwirft.

Ein reifes und zugleich autonomes Gewissen beinhaltet Werterfahrungen wie Empathie (Einfühlungsvermögen), Mut und Vernunft.

Das Gewissen ist mitunter ein emotionales Handlungskorrektiv, das Rücksicht heisst. Beispielsweise weichen Fussgänger und Fussgängerinnen einer Person im Rollstuhl aus, wenn es auf dem Trottoir zu eng wird.

Für die Selbstachtung spielt das Gewissen insofern eine grundsätzliche Rolle, als dieses eine individuelle Richtschnur, eine Leitlinie darstellt, an der das Verhalten gegenüber sich selbst und anderen beurteilt wird. Dabei ist die Reue von entscheidender Bedeutung für das Unterlassen nicht selbstachtsamer Handlungen.

Ein Beispiel: Ein Lehrer nimmt seine Unterrichtsvorbereitung sehr ernst. Angenommen, er bereitet einen Punkt nicht richtig vor, wird er ein Reuegefühl oder ein schlechtes Gewissen gegenüber seinen Studierenden spüren. Es ist daher nicht selbstachtsam, diesen Punkt nicht seiner Vorstellung entsprechend vorzubereiten. Der selbstachtsame Umgang mit sich selbst ist anhand dieses Beispiels gut erkennbar.

Zusammenfassende Erkenntnisse für die Selbstachtung

Selbstachtung kann als «sich selbst so aufrichtig wertzuschätzen und zu respektieren, wie dies würdevoll gegenüber anderen getan wird» verstanden werden. Selbstachtung heisst somit auch – unter Wahrung der Gleichwertigkeit gegenüber anderen Menschen – sein Selbstwertgefühl[7] gegenüber dem eigenen Gewissen zu schützen.

---

[7] «Das Selbstwertgefühl ist die Disposition, sich selbst als kompetent im Umgang mit den grundlegenden Herausforderungen des Lebens zu erfahren,

Welche Erkenntnisse lassen sich aus der Persönlichkeitsbildung für die Selbstachtung ziehen? Welche relevanten Themen und Fragestellungen gibt es? Folgende Aspekte lassen sich aufführen:

- Der Mensch kommt auf die Welt und kann ohne andere Menschen nicht überleben. Er ist hilflos und vollkommen abhängig von anderen Menschen. Da der Mensch eine Ganzheit ist, die aus Körper, Seele und Geist besteht, hat er die Aufgabe, diesen Mangel zu überwinden. Bezogen auf die Selbstachtung heisst dies, dass der Mensch die Achtung vor sich selbst ebenfalls entwickeln und lernen muss.

- Auch die Selbstachtung und deren Entwicklung basiert auf der subjektiven Deutung und Einschätzung des Kindes aus dem Dialog mit der Umwelt. Dabei dürften sich die Einflüsse auf die Persönlichkeitsbildung ebenfalls auf die Selbstachtungsentwicklung auswirken.

- Die Selbstachtung ist rückbezüglich; sie kann nicht ohne andere Menschen oder die Gemeinschaft gesehen werden.

- Die Selbstachtung kann durch die Eltern oder die Bezugspersonen gefördert werden – sei dies durch die Vorbildfunktion oder durch die altersgerechte Adressierung dieses Themas in der Erziehung. Ein «Nein» eines Kindes ist ein «Nein». Die erwachsenen Bezugspersonen müssen dies akzeptieren.

---

und dass man es wert ist und es verdient, glücklich zu sein» (Brandon, 2011, S. 42).

- Die diesbezüglichen Fragen sind altersadäquat zu stellen:

  - Wolltest du das?
  - Weshalb hast du es (trotzdem) getan?
  - Was hast du beim anderen mit deinem Verhalten erreicht?
  - Fühltest du dich gleich viel wert wie die anderen?
  - War dein Verhalten wertvoll für dich und die anderen?

- Sobald das Kind Kontakte ausserhalb der Familie hat, ist es auch die Pflicht der Institutionen (Tagesstätten, Kindergarten, Schule), diesem Aspekt vermehrt Rechnung zu tragen.
- Für die Selbstachtung ist der Pausenhof nicht zu unterschätzen. Hier werden verschiedenste Dinge ausgetauscht. Wer ist die Beliebteste? Wer der Sportlichste? Welche Jungen und Mädchen halten die sozialen Regeln ein oder eben nicht ein? Diese Fragen haben individuelle und kollektive Konsequenzen und wirken sich auf die Selbstachtung aus.

DIE BEDEUTUNG DER SELBSTACHTSAMKEIT

Je gesünder unser Selbstwertgefühl, desto geneigter sind wir, andere mit Respekt, Wohlwollen, gutem Willen und Fairness zu behandeln – da wir sie nicht als Bedrohung empfinden, und da Selbstachtung die Grundlage für die Achtung anderer ist.

Nathaniel Brandon

Man holt recht gut Luft, ohne zu wissen, wie sie geholt werden muss und geholt wird.

Matthias Claudius

Wir müssen lernen, von Zeit zu Zeit innezuhalten, damit wir klar sehen können.

Thich Nhat Hanh

Weshalb ist Selbstachtung für das Individuum und somit auch für das Zusammenleben in einer Gemeinschaft oder für eine ganze Gesellschaft so wichtig? Ist dies nicht übertrieben egoistisch? Nehmen wir uns selbst zu wichtig? Wären Bescheidenheit und Demut in unserer heutigen Zeit des 21. Jahrhunderts nicht angebrachter?

Nun, wie auch bei vielen anderen Fragestellungen geht es hier nicht um ein «Entweder-Oder», sondern um ein «Sowohl-als-Auch», also auch um eine Koexistenz (gleichzeitiges, gleichberechtigtes Dasein) der verschiedenen Aspekte und um die Dosierung.

Selbstachtung hat nichts mit Egoismus zu tun. Im Gegensatz zum Egoismus schadet Selbstachtung niemandem, sondern hilft uns dabei, Lücken zu schliessen. In Bereichen, in denen wir uns nicht als gleichwertig betrachten oder verstanden fühlen, hilft die Selbstachtsamkeit dabei, das Verhalten zu verändern. Im Gegensatz dazu hat der Egoismus in der Tendenz die Folge, dass er anderen schadet. Auch bei diesen Überlegungen ist immer auch das grössere Ganze zu sehen. Dies kann mit der folgenden Frage geschehen:

- Was trage ich zum Gemeinwohl, zum grösseren Ganzen oder auch zum Gelingen bei?

Anhand dieser Überlegungen ist zu sehen, dass die Selbstachtung sich auf das Umfeld auswirkt. Diese wird aber nicht in der Absicht angewendet, die anderen zu beeinflussen, sondern um achtsam mit sich selbst umgehen zu können.

Hierzu ein Beispiel: Eine Mutter mit zwei Kindern, die drei und fünf Jahre alt sind, erkundigt sich telefonisch bei ihrer Mutter, ob sie die beiden Kinder am nächsten Freitagnachmittag hüten könne. Der Grossmutter der beiden Kinder fällt es schwer, sich abzugrenzen, teils weil sie ihre Enkel schon öfter gehütet hat und eine starke Bindung zu ihnen hat, teils weil sie immer für ihre Tochter da war. Eigentlich möchte sie ihrer Tochter mitteilen, dass es für sie nicht passt. Sie macht sich seit einiger Zeit Gedanken, die Enkelkinder weniger oft zu hüten, da sie mehr Zeit für sich braucht. Die Mutter sagt ihrer Tochter jedoch zu und erwähnt ihr gegenüber nichts von ihren grundsätzlichen Gedanken. Als das Gespräch zu Ende ist, hält die Mutter inne und fragt sich, ob es nicht doch besser gewesen wäre, die Bitte der Tochter abzulehnen und ihr ihre Gedanken mitzuteilen.

Dieses Beispiel aus der Praxis zeigt Folgendes auf:

- Die Mutter hat ja gesagt, obwohl sie im Innersten nein sagen und ihre Gedanken ihrer Tochter mitteilen wollte. Sie ist nicht für sich eingestanden, hat sich somit nicht selbst geachtet, sondern sich in dieser Frage selbst übergangen.
- In diesem Moment hat die Mutter ihre eigenen Bedürfnisse nicht geachtet und aus anderen Gründen «ja» gesagt, obwohl sie «nein» gedacht hat. Die Mutter ist nicht selbstachtsam mit sich selbst umgegangen und hat die Bedürfnisse ihrer Tochter über ihre eigenen gestellt. Mit dieser Entscheidung hat sich die Mutter unbewusst von einem autonomen Subjekt, das selbst Dinge entscheidet, zu einem Objekt gemacht, das sich fremdbestimmen lässt. Falls dies auch in anderen Bereichen vorkommt, wird sich diese Frau getrieben fühlen, die Dinge nicht mehr selbst gestalten zu können. Sie sieht dabei ihren Teil, den sie zu dieser unbefriedigenden Situation beiträgt, nicht und ist sich nicht bewusst, dass sie mit ihrem Verhalten letztendlich einen Zustand zementiert, den sie nicht will.
- Obwohl die Mutter mehr Zeit für sich haben möchte, zeigt gerade dieses Beispiel auf, dass nicht von Egoismus gesprochen werden kann. Warum? Weil die Mutter nicht die Absicht hat, ihrer Tochter zu schaden, sondern ihren Mangel an Zeit bemerkt und ihre Zeit für sich selbst nutzen möchte. Dies hat zwar Konsequenzen für die Tochter, entscheidend ist aber die Absicht der Mutter.

Dies ist ein kleines Beispiel, das einiges aufzeigt. Es gibt viele solcher Beispiele im Alltag. Sie passieren allen Menschen.

Für die Veränderung dieses Zustandes empfiehlt es sich, eine Haltungsklärung vorzunehmen. Was will ich? Was ist mir wichtig? Vor was habe ich Angst? Was brauche ich, um zu mir und meinen Bedürfnissen, meinen Werten und Überzeugungen stehen zu können? Neben der ehrlichen Beantwortung dieser Fragen gehört sicher auch Mut dazu, sie anzusprechen. Mut wird im Sinne von ermutigt sein verstanden, die eigenen Bedürfnisse anzuerkennen und die eigene Absicht anzusprechen, ohne ein schlechtes Gewissen zu haben. Es geht nicht darum, jemandem zu schaden, sondern für sich und das eigene endliche Leben Verantwortung zu übernehmen. Die ermutigende Frage dabei lautet:

- Wenn **ich** es nicht **für mich** mache, wer macht es dann?

Das obige Beispiel zeigt auch auf, dass es sich lohnt, die eigenen Wünsche und Vorstellungen anzusprechen. Inwiefern? Einerseits, weil sich die Mutter selbst nicht übergeht und dabei lernt, in einer neuen Qualität zu sich zu stehen, und andererseits, weil es eine Chance ist, die Beziehung zur Tochter anders und besser zu gestalten. Kommunikation bedeutet letztlich immer, sich selbst zu finden und die Beziehung zum Gegenüber aktiv zu gestalten. Ein nicht zu vernachlässigender Nebeneffekt kann dabei sein, dass die Tochter eine Ermutigung und eine Sensibilisierung erfährt, die eigene Selbstachtung mehr oder verändert wahrzunehmen.

Wie entsteht denn nun die Selbstachtung? In der Psychologie herrscht Konsens darüber, dass Kinder mit etwa acht Jahren zu einer «globalen psychologischen Selbsteinschätzung gelangen, die man wissenschaftlich messen und beurteilen kann» (André & Lelord, 2011, S. 86). Der Blick, den sie nunmehr auf sich selbst richten, bildet die Grundlage der eigenen Selbstachtung und deren Veränderung. Die Kinder beurteilen sich nun selbst. Wichtig ist also, wie sich die Kinder selbst sehen, und dies dürfte sich – wie oben erwähnt – bereits vor dem achten Altersjahr anbahnen. So können sich bereits Drei- oder Vierjährige Gedanken um ihre soziale Akzeptanz machen.

Beispielsweise kann ein Kind in diesem Alter seine Eltern fragen, ob seine Locken schön aussehen. Das Kind hat in der Tageskrippe festgestellt, dass es das einzige Kind mit Locken ist. Mit anderen Worten hat das Kind sich mit den anderen Kindern verglichen und dabei festgestellt, dass etwas an ihm anders ist als bei anderen. Deshalb will es sich nun bei seinen Bezugspersonen vergewissern, wie es diesen Sachverhalt einzuordnen hat. Das Resultat hat dann bereits Einfluss auf die Selbstachtung, wobei Kinder in diesem Alter in der Lage sind, das Ganze zu widerrufen und neu aufzusetzen. Dieses Beispiel zeigt auch auf, wie wichtig die Reaktion der Eltern ist. Je nachdem ob sie der Selbstachtung des Kindes Rechnung tragen oder nicht, fällt ihre Reaktion anders aus. Je nach Reaktion wird beim Kind dann mehr Stolz oder mehr Scham entstehen. Der Stolz führt zu einer Persönlichkeitsstärkung, die Scham eher dazu, sich als ungenügend zu empfinden oder sich nicht zugehörig zu fühlen. Auch im Alter von sechs bis acht Jahren können Kinder versuchen, sich ins rechte Licht zu rücken und die eigene Position in den Augen der anderen zur Geltung zu bringen («Mein Vater ist netter als deiner!» oder «Meine Mutter ist klüger als deine!»). In der Schule sind die Pausenhöfe diejenigen Orte, auf denen sich dann die selbstverachtenden Dinge zutragen. Da gibt es Intrigen, verächtliche Äusserungen, Ausschluss aus einer sozialen Gruppe, Demütigungen usw. Deren Auswirkungen auf das spätere Leben sind nicht zu unterschätzen. Als Elternteil hier kompensierend einzuwirken, ist sicherlich ratsam. Damit Mütter und Väter auch aktiv eingreifen können, sollte das Kind eine vertrauensvolle Basis zu seinen Bezugspersonen haben, um davon zu erzählen. Es kann aber auch sein, dass das Kind Angst oder Hemmungen hat, peinliche Aspekte an- und auszusprechen. Hier spielt sicherlich auch die Frage der Beziehungskompetenz hinein. Wie stark schätzt das Kind die Beziehung zu seinen Eltern ein? Wie weit will es sich selbst offenbaren?

Für fürsorgliche und achtsame Eltern, die auf die Entwicklung der Selbstachtsamkeit des Kindes Wert legen, sind Momente, in denen ihr Kind ein Urteil über sich selbst abgibt, Geschenke, um ihre elterliche Verantwortung wahrzunehmen und ihre (wohlwollende und objektivere) Sicht der Dinge einzubringen. Diese helfen dem Kind, eine realistischere Selbsteinschätzung vorzunehmen und seine diesbezüglichen «Irrtümer» zu korrigieren. Während dieses Prozesses sollten Eltern darauf achten, gut zuzuhören, sich Zeit für das Kind zu nehmen und es aussprechen zu lassen, um es dann zu beruhigen. Sie dürfen dabei einen Kummer des Kindes nicht bagatellisieren. Zudem sollten sie versuchen, das Kind zu ermutigen, eigene Lösungen zu entwickeln respektive es so zu coachen, dass es eigene Lösungen entwickeln kann. Dabei ist es auch für Eltern sehr wichtig, dass sie ihre Elternrolle behalten und nicht in die Rolle einer Psychiaterin oder eines Psychologen wechseln.

So entsteht sozialer Rückhalt, der auch für das spätere Leben sehr wichtig ist, da sich das Kind getraut, diese Unterstützung im Erwachsenenalter bei seinen besten Freunden oder Freundinnen zu suchen.

Für Eltern ist es wichtig, dass sie bei der Kindererziehung die Fähigkeiten des Kindes im Umgang mit anderen Menschen fördern, sodass der junge Mensch lernt, den eigenen Platz in der Gruppe zu finden, ohne anzugeben oder Aggressionen an den Tag zu legen. Das Kind soll einerseits bedingungslose Liebe erfahren und andererseits unter bestimmten Bedingungen Unterstützung erhalten – in dem Mass, wie das Kind sie benötigt. Dies bedeutet, dass es sich durch die bedingungslose Liebe wertvoll fühlt und somit eine solide Grundlage für die Selbstachtung erhält. Es geht auch darum, dass das Kind Zuneigung und Akzeptanz erfährt. Zudem solle es stabile Beziehungen mit anderen aufbauen und unterhalten. Dafür brauchen die Töchter und Söhne erzieherische Unterstützung, da die bedingungslose Liebe später im Leben nicht vorausgesetzt werden kann. Anders ausgedrückt: Die bedingungslose Liebe der Eltern nährt die Selbstachtung des Kindes direkt (Gefühlsnahrung), während die Unterstützung unter bestimmten Bedingungen das Kind lehrt, wie es von anderen geachtet wird.

Wie kann die Selbstachtung, die es von den Eltern erfährt, konkret gestärkt werden? Indem sie sich Zeit für jedes einzelne Kind nehmen, dem Kind vermitteln, dass es einzigartig ist, den Interessen des Kindes Aufmerksamkeit schenken, ihm regelmässig zuhören, wenn es von seiner Welt spricht. Auch eine Erziehung mit einer humorvollen Sicht auf sich selbst hilft dabei.

Wenn die Eltern ihre eigenen Werte und Normen vorleben, kann das Kind sie besser verstehen und annehmen.

Da diese Vorbildfunktion auch in der Erziehung von zentraler Bedeutung ist, empfiehlt es sich, sich ebenso um die eigene Selbstachtung zu kümmern.

WER ODER WAS BIN ICH?

Wenn wir es nicht lernen, mit unseren Fehlern – und mit denen unserer Mitmenschen zu leben, dann werden wir niemals imstande sein, mit ihnen und mit uns selbst in Frieden zu leben.

Rudolf Dreikurs

Kein Mensch kann sich wohl fühlen,
wenn er sich nicht selbst akzeptiert.

Mark Twain

Wenn wir uns nicht annehmen können, wie wir sind, versperren wir uns den Weg zu uns selbst.

Ernst Ferstl

Diese Frage ist sehr zentral, und eine andere Frage resultiert daraus: Ist der Mensch überhaupt in der Lage, diese Frage letztendlich schlüssig zu beantworten? Obwohl am Ende dieses Kapitels eine schlussfolgernde Antwort gegeben wird, ist diese Frage wohl in letzter Konsequenz eher zu verneinen. Nichtsdestoweniger ist es sehr interessant, über diese und ähnliche Fragen nachzudenken, die an das Kapitel «Wie entsteht die Persönlichkeit eines Menschen?» anknüpfen.

Wenn jemand gefragt wird, wer er oder sie sei, antwortet diese Person meist mit ihrem Namen. Weitere Informationen folgen: ihr Alter, ihr Wohn- oder ihr Geburtsort, ihre Eigenschaften und andere (sozio-demografische) Merkmale. In diesen Aspekten kann sie zwar immer weiter in Details gehen, aber ist dann wirklich beschrieben, wer diese Person ist? Wie sie sich verhält? Was sie motiviert? Nein, mit Sicherheit nicht, denn alle Aspekte sind primär vergangenheits- oder gegenwartsorientiert, jedoch selten zukunftsorientiert. Weiter unten wird auf diese Punkte eingegangen («Sicht Alfred Adlers»).

Nachdem man also alle äusseren Merkmale aufgezählt hat, bleibt die Frage: Wer bin ich dann? Bin ich das, was ich denke, fühle und daraus auch handle oder bin ich die Summe meiner Identifikationen und Überzeugungen? Bin ich von Trieben gesteuert oder von meinen Sehnsüchten gezogen? Bin ich jemand, der sich sowohl im Körper, in der Seele und im Geist fortlaufend in einem Entwicklungsprozess befindet? Bin ich, weil jemand mir sagt, dass ich bin? Oder bin ich all diese Fragen zusammen und habe neben dem Unbewussten auch noch fiktive Zielsetzungen, die mich leiten? Das Unbewusste wird hier als Teil des Bewusstseins verstanden, der mir nicht bewusst ist. Etwa 80 bis 90 Prozent meines Wissens sind unbewusst.

Dies sind viele tiefgreifende Fragen. Im Laufe der Jahre erlebt beinahe jeder Mensch, dass die wohl wichtigsten Fragen im Leben nicht beantwortbar sind. Jedoch ist es wesentlich, sich mit ihnen auseinanderzusetzen und sich eine Meinung zu bilden, die aus der sich verändernden, inneren Erkenntnisgewissheit resultiert.

Die nachfolgenden Gedanken und Überlegungen verschiedener Persönlichkeiten sollen mögliche, individuelle Antwortansätze geben, um die Frage «Wer oder was ist mein Ich?» zumindest ansatzweise zu beantworten.

Aus der Sicht von Roth …

Gerhard Roth ist ein deutscher Hirnforscher. Er ist promovierter Philosoph, studierte Biologie an verschiedenen Universitäten und promovierte in Zoologie. Er war Direktor des Instituts für Gehirnforschung an der Universität Bremen und Professor für Verhaltensphysiologie und Entwicklungsneurobiologie.

Roth spricht von einem «Ich-Bündel», das «im Wesentlichen durch das autobiographische Gedächtnis erzeugt wird» (2017, S. 98). Er stellt das Ich als eine dynamische Vielfalt dar, die sich auch wandelt und gleichzeitig ein Kontinuum darstellt, weil es in uns «unterschiedliche Bewusstseinszustände, die jeweils mit einer Ich-Vorstellung verbunden sind» (ebd., S. 96) gibt. Diese unterschiedlichen Bewusstseinszustände wie die Wahrnehmung (des eigenen Körpers, der Umwelt), die mentalen Zustände (erinnern, sich Dinge vorstellen, das Denken), Bedürfniszustände (Hunger, Durst), Gefühle (inkl. Affekte und Emotionen), «das Erleben der eigenen Identität und Kontinuität (‹Ich bin der, der ich gestern war›) … das selbst-reflexive Ich (‹Wer oder was bin ich eigentlich? Was tue ich da, und warum?»)» (ebd., S. 97) machen den Menschen aus. Er ist die Summe dieser verschiedenen Ichs und Bewusstseinszustände.

Aus der Sicht von Bauer ...

Joachim Bauer lehrte als Universitätsprofessor an der Universität Freiburg. Er ist Arzt für innere und psychosomatische Medizin sowie Arzt für Psychiatrie und Psychotherapie.

Das Selbst ist der Anteil, den wir bewusst wahrnehmen können. Es ist uns bekannt. Das Selbst ist somit ein Bild, das wir von uns selbst haben und das in unserem Gehirn abgespeichert ist. Der Mensch trägt aber auch Bilder anderer Personen in sich. Via Spiegelneuronen ist auch erwiesen, dass der Mensch in dauernder Resonanz mit seinen Mitmenschen steht, ja unsere Resonanzfähigkeit geht nach Bauer sogar so weit, dass wir eine «innere Repräsentation einer nahestehenden Person» (2006, S. 86) in uns haben. Um das eigene Selbst von den Repräsentationen der anderen zu unterscheiden, bildet das Gehirn die Handlungen des eigenen Selbst in der linken Hemisphäre, die Repräsentationen der anderen in der rechten ab. Diese Konstruktion verhindert eine Identitätsdiffusion (Zersplitterung der eigenen Identität). Das heranwachsende Kind lernt etwa mit zwölf bis achtzehn Lebensmonaten, zwischen sich und den anderen zu unterscheiden. Vorher entwirft das kindliche Gehirn die Welt als «eine Ansammlung von Handlungsmöglichkeiten, Interaktionen, Handeln und Fühlen» (Bauer, 2006, S. 65).

Die Fähigkeit des Menschen, mit anderen in Resonanz zu gehen, ist wichtig. Genauso wichtig ist aber auch die Entscheidungsfähigkeit: Wir müssen der Resonanz nicht entsprechen, sondern können uns entscheiden, auf ein Resonanzphänomen einzugehen. Dies ist insbesondere für den individuellen Widerstand im Umgang mit Massenphänomenen oder Gruppenzwängen wichtig. Dieser Widerstand muss erlernt werden und sollte bereits bei der Erziehung der Kinder gefördert werden. Hier ist es besonders wichtig, dass die Erwachsenen diese Entscheidungsfähigkeit vorleben. Dieser Aspekt ist auch für die Selbstachtung zentral, denn sich gegenüber anderen abgrenzen zu können, basiert auf der Fähigkeit, Widerstand zu leisten.

Aus der Sicht von Poraj …

Alexander Poraj studierte Theologie und Jura. Er promovierte in Religionsgeschichte zum Thema «Ich-Struktur» und ist in der Leitung des Benediktushofes in Holzkirchen (Deutschland). Dieser ist ein Zentrum für Achtsamkeit und Meditation. Poraj gibt als Zen-Lehrer Kurse und ist in Stiftungsleitungen vertreten, die sich zum Ziel gesetzt haben, den Austausch westlicher und östlicher Weisheitstraditionen zu fördern.

Wenn jemand beispielsweise sagt, «Ich bin ein ruhiger Typ» oder «Ich bin ein geduldiger Mensch», dann suggerieren diese Aussagen, dass Persönlichkeitsmerkmale sich nicht verändern. Aber ist das Ich wirklich fix, oder ist es Veränderungen unterworfen? Aus der Sicht des Zen-Buddhismus ist das Ich nicht fix, sondern ein Prozess. Es verändert sich dynamisch – den jeweiligen Umständen entsprechend (Poraj, 2019). Das Ich kann als die Summe von Identitäten bezeichnet werden. Diese sind das Resultat oder das Ergebnis komplexer Konditionierungen, die sich das Kleinkind ab etwa anderthalb Jahren erwirbt. Der unveränderliche Zustand ist im Zen-Buddhismus kein tragendes Prinzip, sondern die Veränderung. Nichts ist gleich wie vorher, jeder Augenblick ist einzigartig und kommt nie wieder gleich zurück. Jeder Atemzug ist anders als der vorhergehende. Der

Mensch nimmt diese Veränderungen nicht als Einzigartigkeit wahr, wenn er nicht bewusst daran denkt, sondern als etwas Gleichartiges, das sich stetig wiederholt.

Auch das Denken ist an dieser Stelle zu nennen. Die Aussage «Ich denke» setzt voraus, dass es ein Ich gibt. Die Tatsache, dass wir denken und auch wissen, dass wir das tun, suggeriert, dass dieser Prozess etwas Fixes ist. Aber dieses denkende Ich ist vielmehr das Ergebnis des Denkens und Fühlens. Der Mensch wird nicht als Ich geboren, sondern entwickelt es im Austausch mit der Umwelt und dem bereits Gelernten.[8] Die Tatsache, dass wir nicht als Ich geboren werden, erzeugt ein anderes Selbstverständnis. Körper, Seele und Geist waren vor der Ich-Bildung da. Das Ich ist also entstanden. Genau genommen verändert es sich laufend und bildet zugleich ein Kontinuum, wie dies Roth auch beschrieben hat. Auf die Frage «Wer bist du?» antworten also die meisten Menschen mit einer Vorstellung, die sie selbst und andere von ihnen haben. Geduldig, ehrlich, couragiert – wir glauben, dass wir über diese Eigenschaften verfügen, teils weil wir uns gerne so sehen wollen, teils weil andere Menschen uns dies als Feedback gegeben haben. Wenn die Frage von einer anderen Person gestellt wird, fällt die Antwort anders aus.[9] Bei der Beantwortung der Frage entwirft sich der Mensch selbst und stellt sich als Ergebnis seines Denkens in diesem Moment unter diesen Umständen dar. Unsere Fähigkeit, zu denken und zu fühlen, ist bipolar. Das heisst, dass es sowohl einen denkenden und fühlenden

---

[8] Ohne ein Ich wäre der Mensch auch nicht überlebensfähig, oder er bedürfte permanenter Pflege und Unterstützung.
[9] Die Antwort wird beispielsweise bei einem Bewerbungsgespräch anders ausfallen, als wenn Gleichaltrige einander bei einer Geburtstagsfeier kennenlernen.

Menschen gibt wie auch das Denken und Fühlen selbst. Diese geistigen und perzeptiven (unsere unbewusste Wahrnehmung betreffend) Prozesse erzeugen den denkenden und fühlenden Menschen. Mit anderen Worten: Man muss zwischen der Person, die denkt und fühlt, und dem Denken und Fühlen unterscheiden. Dies klingt banal, kann aber psychodynamisch grosse Auswirkungen haben. Für eine erwachsene Person besteht ein markanter Unterschied, ob sie denkt, dass sie so ist, wie sie denkt, oder ob sie nicht das ist, was sie denkt. Der erste Teil der Aussage suggeriert, dass weder am Ich noch am Denken etwas zu ändern ist. Es weist eine Beständigkeit auf, die aufgrund der Angst vor Unbeständigkeit tief in uns verankert sein kann. Die zweite Aussage zeigt, dass das Denken verändert werden kann. Diese geistige Flexibilität kann sich neu, anders, und besser auswirken – sowohl auf das eigene Leben als auch auf das anderer Menschen.[10]

---

[10] Dasselbe gilt auch für unsere Gefühle: «Bin ich dieses Gefühl, oder habe ich dieses Gefühl?» Nur der zweite Teil dieser Frage lässt eine Veränderung des Gefühls zu. Beim ersten Teil liegt eine Identifizierung mit diesem Gefühl vor. Die Frage nach Veränderung stellt sich entweder gar nicht oder erst nach einer gewissen Leidenszeit.

Aus der Sicht von Posth ...

Rüdiger Posth studierte Medizin an der Universität Düsseldorf und promovierte im Fach Neuropathologie (Nervenkrankheiten). Er war als Kinderarzt sowie als Kinder- und Jugendpsychotherapeut tätig. Er verstarb im Jahre 2014 mit 63 Jahren.

Posth (2009) betrachtet die Zeit vor dem achtzehnten Lebensmonat als eine Zeit, in der der kleine Säugling «noch keine Entscheidungen oder Entschlüsse auf Willensbasis treffen kann, sondern rein aus natürlichem Bedürfnis und unabweisbaren Drang heraus sich verhält und handelt» (2009, S. 35). Das Kind kommt zur Welt und befindet sich erstmals in der Fremde. Diese fremde und ungewohnte Welt lässt das Kind erschrecken. Dieses Erschrecken kann am ehesten mit einem «Gefühl von Unheimlichkeit» (2009, S. 54) umschrieben werden. Daraus entsteht die Urangst und das Kind beginnt, sobald es diese wahrnimmt, zu schreien. Es erwartet, dass die Bezugsperson eingreift und es von diesen Angstgefühlen befreit. Diese Ur- oder auch Stimmungsangst, die das Kind existenziell erlebt, kann auch als «Angst vor dem Verlassenwerden und Ausgeliefertsein» (2009, S. 56) definiert werden. Der Säugling hat also keine andere Möglichkeit, auf seine empfundene Not aufmerksam zu machen als durch das Schreien. Er hat keine Fähigkeit, seine inneren Spannungen zu bewältigen. Wird der Säugling nicht zeitnah getröstet, wird er dies verdrängen. Unter Verdrängung versteht Posth «die Unterdrückung nicht zu bewältigender, von aussen erzeugter Gefühle» (2009, S. 65). Diese werden dann ins Unterbewusstsein (Teil des Unbewussten) verschoben, sodass sie später wirken. Durch eine gelungene und nachsichtige Beziehung zur Mutter (Mutter-Kind-

Einheit) gelingt es dem Säugling, die anfänglich negativen Gefühlsspektren allmählich in einen Zustand der Zufriedenheit zu überführen. Es geschieht hier – wie dies auch auf der körperlichen Ebene möglich ist – ein Kompensationsvorgang. Wenn die Beziehung zur Mutter hingegen nicht gelingt oder die Zuwendung fehlt, würde der Säugling ein Opfer seiner Stressreaktionen, die er allein nicht bewältigen kann.

Gemäss Posth ist das Selbst eines Menschen rein erkenntnistheoretisch «nichts als seine auf sein Dasein bezogene Objektvorstellung» (2009, S. 192). Das heisst, dass der Mensch durch sein Selbst für sich realisiert, dass er ein eigenständiges Wesen ist, das handeln kann und sich somit als Subjekt fühlt. Hier zeichnet sich bereits ab, dass sich der Mensch sowohl als Subjekt wie auch als Objekt wahrnehmen und empfinden kann. Posth ergänzt, dass das Selbst «demnach die Subjekt-Objekt-Vereinigung der eigenen Person im Dasein» (2009, S. 192) ist. Diese erkenntnistheoretische Betrachtung des Selbst hat jedoch auch eine entwicklungspsychologische Bedeutung. Mit diesem Bewusstseinsschritt endet die Mutter-Kind-Einheit, und das Kind beginnt, für sein Handeln – in einem noch sehr tiefen Masse – verantwortlich zu werden.

Aus der Sicht von Adler ...

Alfred Adler war der Begründer der Individualpsychologie und somit neben Freud und Jung der Vater einer tiefenpsychologischen Richtung (psychologische Ansätze, die dem Unbewussten eine hohe Bedeutung für das Erleben und Verhalten des Menschen geben). Als Arzt und Psychotherapeut arbeitete er in Wien und siedelte 1934 in die USA über. Alfred Adler verstarb 1937.

Die von Alfred Adler aufgezeigten Aspekte, die die Persönlichkeit bilden, sind im Kapitel «Wie entsteht die Persönlichkeit eines Menschen?» bereits dargelegt worden. In Bezug auf die Frage «Wer oder was bin ich?» sind weitere Aspekte aufzuführen, nämlich insbesondere die Zielorientiertheit des Menschen, die tendenziöse Apperzeption (tendenziöse Wahrnehmung zur Sicherung des eigenen, einmal gewonnenen Weltbildes) und die Fiktion.

Adler bezeichnet die Entstehung des Lebensstils[11] als eine geistige Schöpfung. Diesen Lebensstil bezeichnet er auch als «individuelle, unvorhersehbare Stellungnahme zu den Gegebenheiten seiner körperlichen Organisation und seiner sozialen Umwelt» (Brunner u. a., 1985, S. 134). Diese Stellungnahme entsteht mitunter auch durch ein fiktives Ziel. Dieses Ziel ist nicht materieller Natur, sondern wird in Form eines Bildes (Mutter, Vater, Bezugspersonen) repräsentiert. Die Fiktion besteht nun darin, dass das Kind mit seiner schöpferischen Kraft Vermutungen anstellt und sich damit auch selbst entwirft.

---

[11] Lebensstil kann – wie bereits erwähnt – in diesem Zusammenhang mit dem heutigen Begriff der Persönlichkeit gleichgesetzt werden.

Massgebliche Sicherungstendenzen (als Ergebnis des Strebens nach Sicherheit bei Mangellagen) treten dann als psychische Eigenarten hervor und werden zum Ausdruck der Meinungen über sich, die anderen und die Welt.

Adler brachte auch den Aspekt der Finalität ins Spiel. Finalität wird hier als Gegensatz zur Kausalität verstanden. Er integrierte den aristotelischen Begriff der «causa finalis» (kausale Finalität) in die Individualpsychologie. Ursachen werden aus ihrem Zweck, ihrem Ziel bestimmt – im Gegensatz zum Ursache-Wirkung-Prinzip der Naturwissenschaften. Dieses Seinsprinzip basiert auf der Methode, dass ein Ergebnis erreicht wird, ohne dass vorher ein Beweis erbracht wurde. Die schöpferische Kraft und das Prinzip «Versuch und Irrtum» kommen dabei zur Anwendung. Somit wächst die Beschaffenheit der Persönlichkeit auch durch den Einfluss einer Zielsetzung. Dieser teleologische (auf ein Ziel hin gerichtete) Aspekt bezieht sich auf wirkliche, seelische Vorgänge, die das Kleinkind (und später auch der oder die Erwachsene) bewusst oder unbewusst erlebt. Bis etwa zu seinem fünften Lebensjahr trainiert das Kind willkürlich mit seinen äusseren und inneren Eindrücken. Danach passiert dies nicht mehr willkürlich, sondern wird durch den Lebensstil (Persönlichkeit) und seine Gesetze «gefiltert». Adler spricht hier von einem sogenannten Apperzeptionsschema, das darüber bestimmt, wie ein Impuls oder ein Phänomen wahrgenommen und interpretiert wird. Wegen dieses Schemas macht das Kind – und später auch der oder die Erwachsene – Erfahrungen, die im Lichte des eigenen, mehrheitlich unbewussten Strebens und der persönlichen Erwartungen stehen.

Dreikurs, ein Schüler Alfred Adlers, bringt es mit folgender Aussage auf den Punkt: «Nur dadurch, dass wir alles, was wir erleben, tendenziös entstellen, können wir die in unserer Kindheit gewonnenen falschen Ansichten vom Leben und von unserer eigenen Person aufrechterhalten. Eine private Logik, die sich jeder zurechtlegt, lässt dann das irrtümliche Verhalten als richtig erscheinen und verhindert die Einsicht, dass die meisten Schwierigkeiten und Unannehmlichkeiten im Leben die logische Folge von Irrtümern in unserem Lebensplan sind» (Dreikurs, 1990, S. 60). Auch aus dieser Perspektive ist gut nachvollziehbar, dass jeder Mensch in seiner eigenen Welt lebt. Der Mensch findet sich somit in einem grossen Spannungsbogen zwischen Einzigartigkeit («Es gibt keinen zweiten Menschen auf der Welt, der genau gleich ist wie ich selbst.») und dem Wesen eines Sandkornes («Ich bin einer, eine unter vielen. Die Welt dreht sich auch ohne mich weiter.») wieder. Allein dieser Spannungsbogen erzeugt vor dem Angesicht der Endlichkeit des Lebens eine Dynamik, mit der jede Person erst einmal umzugehen hat.

Wer bin ich denn nun? Aufgrund obiger Ausführungen sei eine mögliche Antwort gestattet – im Wissen darum, dass diese nicht vollständig sein kann und die Frage wohl letztendlich immer unbeantwortet bleiben wird:

«Ich bin ein komplexes Wesen, das aus Leib, Seele und Geist besteht und sich in einer dauernden Veränderung befindet. Diese Veränderung geschieht auf der Basis bewusster und unbewusster Vorgänge und im Austausch mit meiner gedeuteten Umwelt und mir selbst. Gleichzeitig bin ich das sich laufend verändernde, selbst interpretierte Ergebnis dieser vielschichtigen, wechselwirkungsvollen und mit fiktiven Anteilen versehenen Vorgänge.»

Zu wem soll der Mensch selbstachtend stehen, wenn die obige Definition zur Anwendung kommt? Wer die Definition auf sich wirken lässt, kann verschiedene Dinge bei sich wahrnehmen. Es lohnt sich auf jeden Fall, innezuhalten und diesen Dingen nachzuspüren. Mitunter können Demut, Bescheidenheit, Staunen oder auch die folgende Frage ausgelöst werden:

- Wer oder was hatte die Idee, dass es diese «Kreation Mensch» in dieser Form gibt?

Die Definition zeigt auf, dass der Mensch nichts Fixes ist, sondern der Schöpfer seiner eigenen Welt. Sein «Kino», in dem er sich befindet, ist einzigartig. Alle Menschen und ihre Persönlichkeit tragen selbst fortwährend dazu bei, das eigene Ich weiterzuentwickeln, indem sie sowohl bewusst wie auch unbewusst mit der Umwelt interagieren (aufeinander bezogen handeln). Mit dem Ich ist hier die Summe der Identifikationen gemeint, die ein Mensch hat. Das Ich ist anders als das Ego. Dieses kann als eher narzisstisch-egoistischer Teil des Ichs verstanden werden. Menschen nehmen Veränderungen in sich wahr und fühlen sich gleichzeitig auch als etwas Beständiges. Das heisst, dass sich die Selbstachtsamkeit, die ein bestimmtes Mass erreicht hat, immer auch den entsprechenden Umständen, in denen sich der Mensch befindet, anpasst und sich gleichzeitig auf die verinnerlichten Werte bezieht.

Diesem Aspekt des Neuen, gemeint ist die immer wieder sich neu ergebende Qualität der Selbstachtung einer Person, ist Rechnung zu tragen. Natürlich ist ein Mensch, der sich in einem

Restaurant selbstachtsam verhält, indem er die Speisen bestellt, die ihm bekommen, nicht grundsätzlich ein anderer Mensch, wenn ihm eine Stunde später im Gespräch mit einem anderen Menschen auffällt, dass er dieser Person widersprechen wollte, er es dann aber doch unterliess. Die Situationen sind verschieden. In einem Fall ist die Person zu sich gestanden, im anderen nicht. Die Umstände waren anders. Somit zeigen sich andere Aspekte der Persönlichkeit. Dies führt dazu, in gewissen Fällen nicht zu sich selbst zu stehen. Wenn diese Person daran gewohnt ist, ihrem Gegenüber nicht zu widersprechen, ist dieser Vorfall eine negative Bestätigung dieser Tatsache. Wenn sich aber die Person ihrer Selbstachtsamkeit bewusst ist und diese stärken möchte, wird sie die nächste Begegnung mit dem Gegenüber suchen und dann ihren eigenen Standpunkt mitteilen. Sie wird dies tun, um achtsam zu sich selbst zu stehen, nicht um den anderen oder die andere zu verletzen.

Dieses Beispiel zeigt auf, wie der Selbstwert mit einem selbstachtsamen Verhalten beeinflusst werden kann. Es entsteht der Eindruck, dass dieser Mensch noch immer der gleiche ist, in Tat und Wahrheit hat er sich durch die selbstachtsame Korrektur neu entworfen. Die gemachte Erfahrung wird anschliessend in sein Kontinuum integriert. Natürlich ist nach den ersten sechs bis acht Lebensjahren die Persönlichkeit des Menschen weitestgehend ausgebildet, aber sie ist im späteren Leben nie ganz genau gleich, weil sich innere und äussere Umstände verändern. Selbstachtsamkeit bedeutet, in diesem Moment unter diesen Umständen im Abgleich mit den eigenen Werten dasjenige zu tun oder zu unterlassen, das für diese Person ganzheitlich (emotional und rational) stimmt. Wenn sie dies tut, entsteht Stolz im Sinne einer emotionalen Belohnung einer

Leistung, einer Freude und einer stärkenden Selbstbestätigung. Entscheidet sich die Person dagegen, wird sie sich schämen, weil sie sich selbst nicht respektiert hat. Dann wird die Selbstverachtung gestärkt.

Die eigene Persönlichkeit und das Geschehen in der Situation nicht aus den Augen zu verlieren und zugleich die Frage zu beantworten, ob das Verhalten nun selbstachtsam ist oder nicht, ist sehr anspruchsvoll, um nicht zu sagen überfordernd. Deshalb kommt es nicht selten vor, dass sich erst eine gewisse Zeit später die Frage nach der Selbstachtsamkeit stellt. Wie im obigen Beispiel erwähnt, kann die betreffende Person das eigene Verhalten entweder korrigieren oder lernen, wie eine selbstachtsame Reaktion sichergestellt werden kann.

Je wertvoller sich ein Mensch fühlt, desto eher wird er intervenieren, wenn dieser Wert tangiert wird. Dann wird ein «Warndreieck» aufleuchten, das sagt: «Halt! Stopp! Was ist hier los? Muss ich mir dies bieten lassen?» In diesem Moment ist die Intervention zeitnah möglich, etwa mit den Worten «Entschuldigung bitte, wie habe ich dies zu verstehen?», «Finden Sie dies moralisch vertretbar, was Sie hier tun?» oder «Ich kann mich mit diesem Verhalten nicht identifizieren und distanziere mich in aller Form davon!». Mit diesen Fragen oder Aussagen wird die Selbstachtsamkeit in dieser Situation wahrgenommen. Die Person steht zu sich und ihren Werten. Dies geschieht nicht in der Absicht, der anderen Person zu schaden oder diese gar abzuwerten, sondern um die Eigenverantwortung für sich selbst wahrzunehmen. Natürlich hat diese Intervention einen Einfluss auf die Beziehung zum anderen, aber dieser Einfluss ist nicht negativ, sondern positiv abgrenzend, beziehungsgestaltend und kann der anderen

Person als Vorbild dienen, die eigene Selbstachtsamkeit zu leben. Das Gegenteil in diesem Beispiel wäre, «gute Miene zum bösen Spiel» zu machen. Die Verletzung der Integrität wird zwar empfunden, aber die betroffene Person sagt nichts und wird nicht selbstachtsam aktiv. Daraus folgt die Konsequenz, in diesem Moment nicht ehrlich mit sich selbst umzugehen, das Interventionsbedürfnis zu unterdrücken und nicht zu sich selbst zu stehen.

Die Frage sei erlaubt: Wenn ich nicht zu mir selbst stehe – wie kann ich dann erwarten, dass jemand anderes dies tut? Was macht es denn schwierig, den Mut aufzubringen, zu sich zu stehen? Ein möglicher Grund liegt sicherlich in einer oftmals unbewussten Angst vor Ablehnung. Dies hat in sozialen Situationen zur Folge, dass sich diese Person den anderen unterordnet, ihre Bedürfnisse hinter diejenigen der anderen stellt und die anderen als wertvoller empfindet als sich selbst. Diese Angst führt dann – wie in obigem Beispiel gezeigt – dazu, sich nicht selbstachtsam zu verhalten und sich der subjektiv angenommenen Minderwertigkeit zu fügen. Genau diese Angst vor Ablehnung hat der Mensch jedoch sich selbst gegenüber nicht – von pathologischen Fällen abgesehen. Er hätte also, von dieser Warte aus gesehen, grundsätzlich die Möglichkeit, sich selbstachtsam zu behandeln. Auch andere Ängste im sozialen Zusammenhang greifen für die rein innerseelische Dynamik im Umgang mit sich selbst nicht. Erwähnt seien hier die Ängste vor der Bedeutungslosigkeit, der Blossstellung und vor möglichen Konflikten.

Ja, weshalb fordern uns solche Situationen dann so heraus, zu uns selbst zu stehen und selbstachtsam mit uns selbst umzugehen? Wesentliche Gründe dürften einerseits in den oben ausgeführten Komponenten der Persönlichkeitsentstehung und andererseits in der Tatsache liegen, dass die Persönlichkeit eine kompensierende Funktion zum frühkindlichen, meist unbewusst akzeptierten «Nichtgenügen» des Menschen im Austausch mit seiner Umwelt hat. Aus dieser Konstellation resultiert der innere Kritiker, der das Zepter übernehmen kann. Dieser innere Kritiker entsteht primär durch die Art und Weise, wie die Eltern und die Bezugspersonen mit dem Kind umgegangen sind. Das Kind wurde für Verhaltensweisen gelobt, während es für andere Verhaltensweisen getadelt wurde. Ein solcher Tadel kann verbal oder nonverbal erfolgen. Nonverbal kommunizieren Eltern und Bezugspersonen insbesondere durch ablehnende Mimik und Gesten. Bei einem verbalen Tadel sollten die Eltern immer zwischen dem Verhalten des Kindes und seiner Person unterscheiden.

Dazu ein Beispiel, um dies zu veranschaulichen: Ein vierjähriges Kind kommt beim Morgenessen unbeabsichtigt an seine Kakaotasse und schüttet den Inhalt über den Tisch. Die erste Reaktion des genervten Vaters: «Was hast du wieder gemacht? Kannst du nicht besser aufpassen? Immer bist du es, der diese Sauereien macht …!» Eine andere Reaktion könnte so klingen: «In der Küche ist der Lappen. Damit kannst du den Kakao aufwischen.»

Wie wirken sich diese Reaktionsweisen – insbesondere, wenn sie oft angewendet werden – auf den inneren Kritiker aus? Bei der ersten Reaktion unterscheidet der Vater nicht zwischen seinem Kind und dessen Verhalten. Er setzt dies gleich. Beim Kind kann dadurch das Selbstbild geschwächt werden: «Ich bin schlecht! Ich genüge nicht.» Das Selbstwertgefühl wird sich dadurch vermindern. Die zweite Reaktionsweise verstärkt den

Selbstwert hingegen, da die Person und ihr Verhalten auseinandergehalten werden. Sie vermittelt dem Kind, dass es prinzipiell gut ist, seine Tat aber Konsequenzen hat. Diese Konsequenzen kann das Kind korrigieren. Das Kind übernimmt somit altersadäquat die Verantwortung für sein Handeln. Bei dieser zweiten Reaktionsweise ist zudem auch etwas sehr Subtiles enthalten, das auf der Beziehungsebene zwischen dem Vater und dem Kind implizit wirkt: Der Vater hält das Kind für fähig, die Folgen des Missgeschicks selbst zu korrigieren. Er traut es ihm zu. Dies ist positiv für das Selbstwertgefühl des Kindes. Die Reaktion ermutigt das Kind und lässt es selbst aktiv werden. An diesem Beispiel kann erahnt werden, wie stark der innere Kritiker genährt oder gar nicht erst entwickelt wird.

Bei noch schlimmeren Handlungen wie Gewalt oder Verachtung empfindet das Kind zudem sehr akut einen Liebesentzug. Es fühlt sich als schlechter Mensch, als nicht richtig. Es ist im wahrsten Sinn des Wortes existenziell auf die Eltern und seine Bezugspersonen angewiesen. Behandeln die Bezugspersonen das Kind auf diese Weise, entsteht ein Nährboden, der «unvermeidliche Narben der Selbstachtung» (McKay & Fanning, 2010). Diese Narben lassen den inneren Kritiker entstehen. Daraus erwächst ein Gefühl, nicht zu genügen. Je stärker dieses Gefühl ist, umso aktiver und boshafter ist der innere Kritiker in der Untergrabung der Selbstachtsamkeit. Das Perfide ist, dass sich die Stimme des inneren Kritikers später so stark ins alltägliche Denken eingeprägt hat, dass diese als gegeben betrachtet wird. Ihr wird Glauben geschenkt, und sie bleibt unhinterfragt. Zum Beispiel sagt der innere Kritiker: «Ach Gott, wie bist du hässlich!» Dann wird dieser Aussage Glauben geschenkt. Der oder die Erwachsene empfindet sie als wahr.

Dies zeitigt selbstverachtende Folgen: Die destruktive Stimme des inneren Kritikers bewirkt eine starke Verminderung des Selbstwertgefühls. Bildlich gesprochen, ist der innere Kritiker der Ankläger, der je nach Ausmass unentwegt anklagt. Der innere Richter stimmt ihm zu und stärkt damit das negative, selbstentwertende Urteil. Die innere Verteidigung (die Stimme, die einem Menschen mit Wohlwollen und Achtung gegenübersteht) erhält vom inneren Kritiker ein Redeverbot.

Anhand dieser Ausführungen wird klar, weshalb die Selbstachtung zur Herausforderung wird. Dieses permanente Vergleichen des inneren Kritikers mit verinnerlichten Forderungen an sich selbst ist eine starke Waffe mit verheerenden Folgen. Verglichen wird das «effektive Sein» mit dem internalisierten «Sein-Sollen». Die Forderung, «perfekt sein zu müssen» und dann festzustellen, dass etwas nur zu neunzig Prozent erfüllt werden kann, quittiert der innere Kritiker mit «Du hast versagt!». Diese Forderungen können so weit gehen, dass jemand denkt, jemand anders sein zu müssen, als er sein möchte.[12]

---

[12] Menschen mit einer schwachen Selbstachtung neigen dazu, den inneren Kritiker vermeintlich auch als Helfer wahrzunehmen. Sie meinen, dass der innere Kritiker ihnen hilft, mit Gefühlen des Ungenügens, der Angst oder der Hilflosigkeit fertigzuwerden. Es entsteht paradoxerweise der Eindruck, dass mit diesen Gefühlen besser umgegangen werden kann, weil ein tieferes Selbstwertgefühl einen hohen Preis darstellt, der täglich zu bezahlen ist.

WIE GEHE ICH MIT MIR UM?

Wer sich selbst gering wertet, wird von anderen nicht so hoch eingeschätzt, wie es der Fall wäre, wenn er Selbstachtung zeigte.

Prentice Mulford

Treue gegen sich selbst, Unabhängigkeit nach aussen, das ist das Ja und Nein der Freiheit.

Heinrich Lhotzky

Wir sind viel mehr als unsere Lebensumstände.

Elisabeth Kübler-Ross

Nach den Ausführungen des vorherigen Kapitels ist es nun an der Zeit, sich die folgende Frage zu beantworten:

Wer oder was bin ich?

Die Leserin und der Leser werden also gebeten, sich für diese Frage einen Moment lang Zeit zu nehmen, das Buch beiseitezulegen und Stellung zu beziehen, selbst wenn es oftmals schwierig ist, diese Frage zu beantworten.

Zu dieser Frage Stellung zu nehmen, hilft zu wissen, wer oder was geachtet werden soll. Um festzustellen, wie selbstachtsam ein Mensch mit sich umgeht, gibt es einen wichtigen Indikator:

die **Selbstgespräche**.[13] Sprechen Sie mit sich selbst in einem ermutigenden und respektvollen Ton? Akzeptieren Sie sich? Fühlen Sie sich im Umgang mit sich selbst gestärkt? Sind diese Selbstgespräche eine Quelle der Achtsamkeit? Oder gewinnt der innere Kritiker, indem er Sie selbst abwertet, beschuldigt oder Ihre Bedürfnisse übergeht?

Falls wir bereits sehr selbstachtsam mit uns umgehen, kann der Umgang mit uns selbst natürlich verbessert werden, aber die empfundene Lebensqualität dürfte bereits im Lot sein. Wenn dies nicht der Fall ist, empfiehlt es sich, mit dem inneren Kritiker anders umzugehen und diesen zu entmachten. Da dieser in der Regel einen festen Platz hat, besteht unsere erste Aufgabe darin, ihn zuerst einmal wahrzunehmen. Das klingt sehr einfach, in Tat und Wahrheit ist dies aber nicht zu unterschätzen, da wir zuerst unsere Wahrnehmung schärfen müssen. Der innere Kritiker fühlt sich bei einer tiefen Selbstachtsamkeit bereits so selbstverständlich und gewohnt an, dass wir ihn nicht mehr als diesen wahrnehmen. Hier können Warndreiecke helfen:

- Halt! Wie gehe ich denn mit mir um?
- Stopp! Würde ich so mit einer geliebten Person umgehen?

---

[13] Im bewussten Selbstgespräch geschieht nach Schmid «die Intensivierung der Selbstbesinnung» (2004, S. 76). Selbstbesinnung heisst, sich über das sinnliche Fühlen und die eigenen Gedanken klarer zu werden.

Ebenso hilfreich kann die Reflexion sein:

- Weshalb gehe ich so mit mir um? Bin ich mir selbst noch ein Freund?
- Wie wäre das für mich, wenn ich mir selbst mit derselben Wertschätzung wie auch anderen Menschen begegnete?

Ver-rückt ist ja bei dieser letzten Frage, dass wir zwar wertschätzend mit allen anderen umgehen können, nur nicht mit uns selbst. Dies kann die Folge einer nicht ausreichend ausgebildeten Selbstakzeptanz sein. Die Fragen seien erlaubt: Wer ist denn der Mensch, der uns am nächsten steht? Wer ist die wichtigste Person im eigenen Leben? Letztendlich immer wir selbst! Diese Liebe setzt nicht die Liebsten herab, sondern schliesst alle mit ein. Wer sich selbst wertschätzt, liebt auch seine Nächsten. Wichtig ist, dass wir uns als gleichwertig einschätzen und uns damit auf die gleiche Stufe stellen wie diejenigen Personen, die wir lieben, wertschätzen oder sogar auf irgendeine Art und Weise bewundern.

Wie können wir unsere Fähigkeit, andere wertzuschätzen, auf uns selbst anwenden? Wenn wir aufstehen, können wir in den Spiegel schauen, uns anlächeln, ein Augenzwinkern schenken und uns ein «Daumen-Hoch-Zeichen» zeigen. Stunden später dürfen wir ganz bewusst wahrnehmen, dass es ein Geschenk ist, überhaupt zu leben. Bei der Arbeit können wir feststellen, dass wir etwas erledigt haben, das schon lange einer Lösung bedurfte. «Das habe ich gut gemacht. Das war nicht einfach, aber ich konnte es erledigen» – diese Anerkennung verstärkt die positiven Gefühle uns selbst gegenüber und erhöht die Selbstachtung und den Selbstwert. Wird eine Leistung später von einem anderen Menschen geschätzt, dürfen wir tiefe Freude empfinden, können uns gedanklich selbst auf die Schulter klopfen und auf unsere eigene Leistung stolz sein.

Wenn es uns nicht gelingt, uns selbst wertzuschätzen, dann dürfte der innere Kritiker noch zu dominant sein. Aber wie kommt man ihm auf die Spur? Das bereits erwähnte, imaginäre Warndreieck kann helfen, um uns der problematischen Aussagen des inneren Kritikers bewusst zu werden. Dies können Sätze wie «Bin ich blöd!», «Es reicht nicht, was ich tue», Schon wieder nicht erreicht, was ich mir vorgenommen habe!», «Wieder wie ein Idiot geparkt!», «Ich bin ein Nichtsnutz ...», «Der mag mich nicht», «Ich werde diese Arbeitsstelle nie erhalten» sein. Diese Sätze sind alles andere als selbstachtsam und können sogar als Selbstangriffe bezeichnet werden, da sie die Selbstentwertung verstärken. Aber wie können wir dem Gedankenkreisel entkommen? Die Abwertung wahrzunehmen, ist der erste Schritt. Im zweiten Schritt überlegen wir uns, was diese Erniedrigung, die unfaire Behandlung, die Selbstwertsabotage für uns selbst bedeutet. Diese negativen Aspekte zeigen uns auf, dass wir uns nicht als wertvoll ansehen. Indem wir uns der Konsequenzen bewusst werden, können wir uns im dritten Schritt entscheiden, dass wir anders mit uns selbst umgehen wollen, auch wenn uns dies auf den ersten Blick schwierig erscheint. Jeder Weg beginnt bekanntlich mit dem ersten Schritt, und jeder Prozess beinhaltet neben einem Vorwärtskommen auch Rückschritte. Deshalb ist es wichtig, dass wir uns auch an den Rückschritten erfreuen: Sie zeigen deutlich auf, dass wir schon einmal weiter waren! Diese Entscheidung, anders mit uns selbst umgehen zu wollen, bildet einen neutralen Boden. Wenn wir darauf stehen, bewerten wir uns selbst nicht mehr negativ. Immer wenn wieder ein negativer Gedanke kommt, können wir feststellen, dass der innere Kritiker zwar «wieder zugeschlagen» hat, aber wir messen dem Gesagten keine Bedeutung mehr bei. «Der soll nur sagen, was er will!» – so lautet der gedachte Satz. Damit können wir zwei Fliegen auf einen Streich schlagen. Einerseits hat der anklagende innere Kritiker – egal, was er sagt – kein Gewicht mehr und andererseits bejaht der innere Richter nicht mehr dauernd die Vorwürfe, sondern hält inne, runzelt die Stirn, zweifelt und sagt: «Halt! Du hattest jetzt lange das Zepter in der Hand. Es reicht jetzt! Nun ist es an der Zeit, andere zu Wort kommen zu lassen!» Dies ist ein Steilpass für den inneren Verteidiger, der bisher mundtot war. Er kommt nun zu Wort und kann all die Dinge äussern, die aus seiner Sicht wichtig sind: «Schau, du bist wertvoll, und zwar unabhängig davon, was du leistest, rein aufgrund der Tatsache, dass du Mensch bist! Du hast so viele Dinge in deinem bisherigen Leben gut gemacht, Probleme gelöst, Herausforderungen gemeistert und hast dich für viele andere Menschen engagiert! Nimm dies wahr, lass es auf dich wirken. Du hast allen Grund mit Stolz darauf zu schauen und hast es nicht mehr nötig, dich selbst zu schmälern. Freue dich an dem, was ist, ändere, was du ändern kannst, akzeptiere und lasse los, was du nicht ändern kannst. Du brauchst nicht einverstanden zu sein, wenn du akzeptierst. Diese für dich neue Form der Akzeptanz ist die Grundlage, dass du dir selbst verzeihen und vergeben kannst! Ein neuer, innerer Frieden stellt sich ein. Dieser ist erstrebenswert und gibt dir Geduld und Gelassenheit! Wünsche dir viel Glück und gehe ermutigt deinen Weg!»

«Ich bin okay» – dieser Satz bedeutet, sich anzunehmen und sich selbst bedingungslos zu lieben. Diese Selbstannahme lässt sich nun neu erfahren und bildet die selbstachtsame Basis, die zu mehr Selbstwert führt. Da ist eine neue, innere Realität, die sich Schritt für Schritt auch authentisch gegen aussen manifestieren wird. Diese Haltung motiviert und ermutigt dazu, uns immer weiter positiv zu verändern. Dies führt zu einem neuen Selbstverständnis, zu neuen Antworten auf die Fragen «Wer bin ich?» und «Wer will ich sein?». Die Antworten beinhalten dann auch Aussagen, welche Rollen in Zukunft weiterhin eingenommen werden und welche Masken fallen sollen. Dadurch entsteht eine neue Identifikation mit einem wohlwollenden Umgang mit sich selbst, einer höheren Wertschätzung sich selbst gegenüber: «Ich bin es mir wert, mich neu so zu achten, wie ich eine andere, geliebte Person achte!» Diese höhere Wertschätzung wirkt sich auch sehr positiv auf unser Gegenüber und sogar auf die Gesellschaft aus. Die daraus entstehende Freude und Tatkraft helfen dem Menschen, Verantwortung für sich und die eigenen Angelegenheiten zu übernehmen und gut für sich zu sorgen. Damit ist auch anderen geholfen: Wer sich selbst wertschätzt, lebt gesünder, hat weniger Stress und vermeidet Folgekrankheiten. Das hilft der Allgemeinheit.

Zu guter Letzt werden mit diesem Vorgehen eine neue Zugehörigkeit und ein neuer Sinn erzeugt – einerseits zu uns selbst, andererseits zum grösseren Ganzen. Aus diesem Sinn kann die Kraft geschöpft werden, vermehrt auf den Umgang mit der eigenen Person zu achten: Je mehr ich (auf) mich achte, desto mehr Achtung empfinden auch andere Menschen für mich. Ein sehr wirksamer Kreislauf wird so in Gang gesetzt. Alle profitieren davon. Anders sieht die Abwärtsspirale aus: Wenn sich eine Person A selbst nicht genügend achtet, wird auch ihr Gegenüber B sie weniger achtsam behandeln. Dies führt zu einer noch tieferen Selbstachtung bei Person A. Sie geht dann noch unachtsamer mit ihrem Gegenüber B um. Diese Dynamik kann sich unendlich lang hinziehen. Um sie zu unterbrechen, ist es nötig, sich selbst zu akzeptieren und zu respektieren. Diese Akzeptanz und dieser Respekt sollen allen Menschen entgegengebracht werden, weil sie Menschen sind – unabhängig der Herkunft, der Nationalität, der Religion oder vom Geschlecht. Im Leben geht es nicht darum, den eigenen Wert zu beweisen oder um Selbstrechtfertigung kämpfen zu müssen, sondern ermutigt zu sein, das Leben in der Gemeinschaft aus dem Leben heraus zu leben.

Auch **Selbstbeschuldigungen** sind ein Instrument, mit dem wir den eigenen Umgang mit uns selbst messen können. Dieser mehr oder weniger verzerrte Denkstil hat zur Folge, dass sich ein Mensch schuldig fühlt, und zwar unabhängig davon, ob er tatsächlich schuldig ist oder nicht. Er bezieht die Schuld und somit die Verantwortung auf sich. Wenn dies öfters vorkommt, kann es krankhaft werden. Dieser Mensch wirft sich dann seine Mängel und Fehler dauernd vor. Gedanken wie «Ich bin daran schuld», «Ich bin zu faul, zu langsam, zu dumm, zu unfähig!» wirken sich negativ auf die Selbstachtung aus. Sie verhindern, dass dieser Mensch die eigenen Stärken sieht. Dabei findet ein unbewusster Wechsel vom Subjekt (autonom, handlungsfähig) zum Objekt (abhängig, beschränkt handlungsfähig) statt. Wer solche Gedanken hat, wird blind für die eigenen Erfolge und Qualitäten. Solche Personen werden sich (zu) oft bei anderen Personen entschuldigen: «Ach, wie ungeschickt war das! Bitte entschuldigen Sie!» Manche verleugnen ihre Wünsche sogar noch unterwürfiger: «Bitte entschuldige, dass ich diesen Wunsch hatte!»

Der **Umgang mit Fehlern** ist ein weiterer Indikator, wie sich der Mensch selbst behandelt. Wie gehen wir mit begangenen oder unterlassenen Handlungen um, die sich später als Fehlentscheide erweisen? Vernichten und verdammen wir uns dafür, oder betrachten wir den Fehler als einen Mangel an Wissen? Initialisieren wir anschliessend einen persönlichen Lernprozess?[14] Je nach Sichtweise entsteht hier mehr Selbstachtung oder mehr Selbstverachtung. Wer sich selbst verdammt, hat bereits einen tiefen Selbstwert. Der Umgang mit dem Fehler mindert die Selbstachtung sogar noch mehr. Wer hingegen einen Lernprozess initialisiert, hat vermutlich eine gute Selbstachtung und ein gesundes Selbstwertgefühl. Dies stellt sicher, dass man aus dem Fehler Erkenntnisse ziehen kann. So wird man den Fehler in Zukunft nicht mehr wiederholen.

«Alle unsere Einsichten sind nachträglich» (Rilke, 2013, S. 26): Zuerst muss der Fehler passieren. Erst danach erfolgen die Reue und der Schmerz darüber. Der Zeitunterschied zwischen einer Handlung oder Nicht-Handlung und der Reaktion darauf ist also das wichtigste Charakteristikum des Fehlers. Zuerst rutscht man mit dem Hammer vom Nagel ab und trifft dann den eigenen Daumen. Zuerst lehnt man ein wirklich interessantes Jobangebot ab, um diese Entscheidung zwanzig Jahre lang zu bereuen.

---

[14] «Fehler sind ein integraler Bestandteil des Lernprozesses» (Brandon, 2011, S. 211).

Genau hier liegt die Möglichkeit, den Umgang mit Fehlern zu verändern. Den zeitlichen Abstand können wir nämlich nutzen, um uns über Folgendes bewusst zu werden: Wir haben eine Entscheidung getroffen. Dann haben wir gehandelt. Anschliessend haben wir erkannt, dass unser Tun oder Nicht-Tun ein Fehler war. Im Moment der Handlung war die Entscheidung unter den damals bestehenden Umständen richtig. Die Handlung erschien in diesem Moment sinnvoll und vernünftig. Erst später erkennen und interpretieren wir die Entscheidung als Fehler. Diese Unterscheidung hilft, dass wir zukünftig noch vernünftiger oder sinnvoller handeln. Dies führt zu einem Lerneffekt, für den wir sogar Dankbarkeit empfinden können: Wir wachsen an unseren Fehlern, solange wir unterschiedliche Fehler machen. Aus einer selbstverachtenden Haltung kann also Dankbarkeit und Demut entstehen. Die neue Haltung ermöglicht, uns selbst zu verzeihen und zu vergeben. So können wir freundlicher mit uns selbst umgehen. Durch diese Einsicht gewinnt unser Leben offensichtlich an Qualität. Sie manifestiert sich in Entspannung und Befreiung.

Die Selbstermutigung ist eine andere Komponente, anhand derer man feststellen kann, wie wir mit uns selbst umgehen. Fehlt sie gänzlich, kommt sie ab und zu oder regelmässig vor? Sicherlich ist es für viele Menschen schwierig, anderen ein Kompliment zu machen, geschweige denn sich selbst. «Das habe ich gut gemacht!» oder «Da habe ich mich sehr zuvorkommend verhalten!» – diese Aussagen sind für viele fremd. Erklärungen dafür, weshalb wir dies nicht tun, gibt es viele. Viele halten das Selbstlob für eitel und lehnen es deshalb ab: «Das ist ja lächerlich oder sogar peinlich!» Selbstermutigung ist allerdings sehr wichtig und wirksam. Sie hilft und vermittelt

Zuversicht, Dinge zu schaffen, die als nicht erreichbar erscheinen. Gleichzeitig entsteht ein Vertrauen in die Hoffnung, dass es bei anderer Gelegenheit auch gut gehen kann. Diese Gedanken verstärken sich selbst und beeinflussen die Gefühlslage positiv. Sie führen zur Gewissheit, auch mit schwierigen Situationen gut umgehen zu können, und fördern das Selbstvertrauen.

Wie achtsam ein Mensch sich behandelt, sehen wir daran, wie er **mit den eigenen Bedürfnissen umgeht.** Ignoriert er die Bedürfnisse? Gesteht er sie sich nicht zu? Befriedigt er sie mit gutem oder schlechtem Gewissen? Ein selbstachtsamer Umgang zeichnet sich dadurch aus, die Bedürfnisse wahrzunehmen, zu ihnen zu stehen und sie mit gutem Gewissen zu befriedigen.[15] Geschieht dies nicht, wird ein Bedürfnis auf Dauer ignoriert oder wegen einer anderen Person aufgeschoben, ist die Grundlage zur Sabotage der Selbstachtung gelegt. Die Selbstsabotage wird zur Belastung und erzeugt inneren Druck. Das geht über kurz oder lang nicht gut, denn der Zahn der Zeit nagt.

Die **Frage des Vergleichens** ist in unserer heutigen Gesellschaft sehr zentral. Jeder Mensch vergleicht sich mit anderen: beim Sport, in der Schule, im Job. Verglichen werden das Aussehen, der Verdienst, die Leistung, der Besitz – nichts bleibt davon verschont. Aber ist es gesund, sich mit anderen zu vergleichen? Passen die Eigenschaften anderer Leute zum eigenen Leben? Sind die Voraussetzungen nicht zu verschieden? Ist ein

---

[15] Siehe dazu auch die Ausführungen über die Ethik im Kapitel «Mögliche Grenzen und falsch verstandene Selbstachtung». Es versteht sich, dass der Bedürfniswahrnehmung auch Grenzen gesetzt sind.

Vergleich ohne gemeinsame Basis überhaupt zulässig? Was passiert, wenn sich ein Mensch entscheidet, sich nicht mehr mit anderen zu vergleichen? Solche Fragen müssen individuell beantwortet werden. Die Antworten können sich auf das Leben und Erleben auswirken und sicher geglaubte Erkenntnisse relativieren. Sich bewusst nicht mit anderen zu vergleichen, führt zu der Erkenntnis, dass Vergleiche letztlich nicht ganz fair sind und sie Auswirkungen haben können, die entweder auf der unnützen Seite des Lebens sind (Neid, Hass), nur kurz andauern («Ich war stärker als der andere!») oder zur Befriedigung des Egos führen («Da verdiene ich wesentlich mehr» oder «Ich sehe besser aus als sie»). Den bewussten Entscheid, uns nicht mehr zu vergleichen, können wir sofort treffen. Dies sorgt für Erleichterung, weil wir einer belastenden Dynamik so ein Ende setzen. Einen bewussten Entscheid zu fällen, heisst, im Inneren davon überzeugt zu sein, dass jeder Mensch ein Individuum ist, das andere Voraussetzungen auf der Welt vorfindet, sodass ein wahrer Vergleich gar nicht möglich ist.

Die Art und Weise, wie wir mit uns umgehen, kann auch **«körperlich» wahrnehmbar** sein. Dies kann an der Art und Weise liegen, wie manche ihren Körper pflegen, oder auch wie schnell Körpersignale wahrgenommen werden und wie adäquat mit ihnen umgegangen wird. Es liegt auf der Hand, dass eine ungenügende Körperpflege nicht selbstachtsam ist. Etwas herausfordernder ist es hingegen, an sich selbst zu beobachten, wie mit einem Leiden, einem körperlichen Schmerz umgegangen wird. Wird dieser ignoriert und die Ursache nicht behandelt, hat die Selbstachtung auch hier ein Manko, das behoben werden muss. Beispielsweise – um auch ein drastisches Beispiel zu nennen – sind die Symptome eines Herzinfarktes hinlänglich bekannt. Nimmt man keine ärztliche Hilfe in Anspruch, missachtet man sich nicht nur selbst, sondern riskiert auch schwere gesundheitliche Folgen bis hin zum Tod. Bei weniger klaren Beispielen ist die selbstachtsame Reaktion schon schwieriger. Wenn ein Jogger seit zwei Tagen leichte Schmerzen an der Achillessehne verspürt – welche Reaktion ist denn nun mehr oder weniger selbstachtsam? Soll er weiter joggen und damit aktiv in der frischen Luft zu sein oder besser die Achillessehne schonen? Eine individuell stimmige Antwort unter Berücksichtigung des grösseren Ganzen (Langzeitschaden, Grad des sich verändernden Schmerzes, Arbeitsfähigkeit, Beeinträchtigung der geplanten Vorhaben) kann sich letztlich nur die betroffene Person selbst geben.

Nachfolgend sei zum tieferen Verständnis ein Beispiel aufgeführt, das ein nicht selbstachtsames Verhalten und dessen Korrektur aufzeigt:

Eine Frau arbeitete im Marketing einer Grossfirma. Sie hatte stets sehr gute Ideen. Diese wurden von ihrem Vorgesetzten sowohl intern wie extern als die seinen «verkauft». Anderen Kolleginnen und Kollegen erlaubte sie ebenfalls, von ihren Überlegungen und Gedanken zu profitieren. Gegenüber allen in der Firma blieb sie zuvorkommend und freundlich, meinte oftmals, dass ihr der Ideenklau nichts ausmache. Innerlich kochte sie jedoch. Sie glaubte, dass sie sich mit ihrem Verhalten die Zuneigung und die Akzeptanz der anderen sichere und ihre Beliebtheit festige. Überlegungen, wie weit dieses Handlungsmuster ihre Selbstachtung sabotierte, blieben aus, nur ein Gefühl der Wut und des «Immer-nur-für-andere-da-Seins» kam in ihr auf. Sie suchte sich schliesslich professionelle Hilfe.

Dabei wurde ihr bewusst, dass ihr Verhalten primär aus der Angst vor Ablehnung resultierte. Sie stellte die anderen in ihrer Wertigkeit über sich und missachtete somit sich selbst. Nach dieser Erkenntnis begann sie, mehr auf ihre Entscheide zu achten, ihnen mehr Bewusstsein entgegenzubringen und auf sich als Ideengeberin hinzuweisen. Sie begann zunehmend, gegen ihr selbstsabotierendes Verhalten vorzugehen und mehr Verantwortung zu übernehmen. So baute sie nach und nach ihre Selbstachtung auf. Sich zu ihrem Wert als Person zu bekennen, erhöhte ihre Selbstachtsamkeit. Zudem lernte sie, dass die weitere Erhöhung der Selbstachtung davon abhängt, wie sehr sie ihr eigenes Handeln darauf ausrichtet.

DIE FÜNF SCHRITTE ZU MEHR SELBSTACHTUNG

Der Mensch sollte geboren werden, bevor er stirbt.

Erich Fromm

Was hindert mich, jetzt, in diesem Moment glücklich zu sein?

Thich Nhat Hanh

Lebe jene Zeit, die du wirklich lebst, die Gegenwart.

Marc Aurel

Für viele Menschen bedeutet Selbstachtsamkeit mehr Egoismus.[16] Die Konsequenz dieser Haltung ist eine Selbstlimitierung. Sie äussert sich darin, dass wir uns selbst nicht mit dem Respekt begegnen, der uns gebührt. Wir übergehen uns permanent, stellen uns hinten an – oder die Bedürfnisse anderer über unsere eigenen. Sobald der Preis dieses Verhaltens zu hoch wird, ist das Bewusstsein für eine Änderung in Ansätzen vorhanden. Oftmals wird auch in dieser Phase noch vieles mit Aussagen wie «Das ist ja nicht so schlimm», «Da ist eh nichts zu ändern» oder «Die anderen sind schuld» begründet. Für eine gewisse Zeit kann uns diese Verharmlosung beruhigen, sodass uns die Angelegenheit als nicht so dramatisch erscheint. Irgendwann erkennen wir aber auch bei einer hohen Rechtfertigungsfähigkeit die Selbsttäuschung.

---

[16] Dass dies nicht so ist, wurde bereits im Kapitel «Die Bedeutung der Selbstachtsamkeit» ausgeführt.

Je höher der Leidensdruck ist, den wir spüren, desto eher sind wir bereit, unsere eigene Lage zu verändern. Diese Bereitschaft zeichnet sich dadurch aus, dass wir ins Handeln kommen und uns mit der Thematik befassen. Wir können uns die benötigte Hilfe holen, uns selbst in der Frage schlau machen oder uns mit selbstachtsamen Menschen in unserem Umfeld unterhalten. Neben einem Coaching können wir die Literatur beiziehen, die über viele Aspekte der Selbstachtsamkeit Auskunft gibt und Übungen zur Steigerung der Selbstachtsamkeit enthält (siehe dazu auch die aufgeführten Übungen im Kapitel «Übungen zu mehr Selbstachtung»). Wenn wir mit einem selbstachtsamen Menschen aus unserem persönlichen Umfeld sprechen, fällt uns die Selbstermutigung leichter. Sich selbst zu ermutigen, bedingt die Bereitschaft, mit Versuch und Irrtum arbeiten zu wollen. Wir sind frei, zu jedem beliebigen Zeitpunkt etwas zur Verbesserung unserer Selbstachtsamkeit zu unternehmen. Menschen können ihr Verhalten in einem bestimmten Bereich verändern und feststellen, wie es ihnen dabei ergangen ist. Wir können darüber reflektieren, welche Veränderungen dieses neue Verhalten bei uns und den anderen bewirkt hat. Stärken diese Veränderungen die Selbstachtung und sind sie moralisch gegenüber dem Umfeld vertretbar, sollten wir sie beibehalten, anderenfalls müssen wir sie modifizieren.

Die folgenden fünf Schritte zu mehr Selbstachtung sind als Regelkreis zu verstehen. Wir können sie sowohl grundsätzlich als auch in konkreten Situationen gehen, in denen wir einen Mangel an Selbstachtung feststellen.

Je nach persönlichen Vorlieben können wir diese Schritte rein gedanklich, schriftlich oder auch visualisiert unternehmen. Wir

- werden uns der mangelnden Selbstachtung bewusst,
- übernehmen Verantwortung für das eigene Leben,
- können uns abgrenzen und nein sagen,
- erzielen erste Erfolge,
- reflektieren über uns selbst und die Veränderungen.

Die fünf Schritte zu mehr Selbstachtung werden in der Folge detaillierter beschrieben, um die eigenen Gedanken anzuregen.

Bewusstwerdung der mangelnden Selbstachtung

Im ersten Schritt geht es darum, sich bewusst zu werden, ob und in welchem Bereich ein Mangel an Selbstachtung besteht. Dabei hilft die Frage, in welcher Hinsicht wir mit anderen Personen achtsamer umgehen als mit uns selbst. Dabei müssen die Antworten ehrlich formuliert sein, selbst wenn dies unangenehm ist. Ein anderer Aspekt ist, den eigenen Umgang mit sich selbst zu durchleuchten.

Wir stellen uns also folgende Fragen:

- Wo über- oder unterfordere ich mich selbst?
- Wie fair kritisiere ich mich und wie wohlwollend ermutige ich mich?
- Stehe ich zu mir mit all meinen Vorzügen und Unzulänglichkeiten?
- Kann ich mir selbst und anderen vergeben, damit es mir besser geht?[17]

Diese Fragen lassen erkennen, dass es nicht nur darum geht, den Preis festzustellen, der für eine mangelnde Selbstachtung bezahlt wird, sondern auch darum, das Verbesserungspotenzial zu erkunden. Aus diesem Potenzial können wir den Sinn ableiten, der für den eigenen Prozess gelten soll. Dieser Prozess führt zu mehr Selbstachtung. Der Sinn ist die Antwort auf die Frage, warum und wozu wir diese Veränderung angehen möchten. Er hat gleichzeitig die Funktion eines Eigenmotivators und Eigenermutigers. Deshalb hilft es, auf den Sinn zurückzugreifen, wann immer dies notwendig erscheint. Bei der Sinngebung kann die Vorstellung helfen, was anders wäre, wenn dieser Mangel an Selbstachtung nicht mehr vorhanden wäre. Die ehrliche Beantwortung der Frage «Was wäre anders in meinem Leben, wenn ich keinen Mangel an Selbstachtung hätte?» ist sehr spannend und aufschlussreich. Sie kann als Vermeidungsfrage bezeichnet werden. Dahinter verbirgt sich die folgende Hypothese: «Wenn ich in meinem Leben mehr Selbstachtung hätte, dann träte a), b), c) ein.» In der Frage sind

---

[17] Wenn wir uns oder anderen vergeben, investieren wir in uns selbst. Diese Art der Vergebung bedeutet nicht, dass wir das Erlebte akzeptieren oder gutheissen.

die Gründe für den Mangel an Selbstachtung implizit vorhanden. Zum Beispiel könnte eine der brainstormartig aufgezählten Antworten sein: «Ich ginge geduldiger mit mir um.» Dann liegt die Vermutung nahe, dass ich mir bisher nie genug Zeit für mich genommen habe. Die daraus resultierende Frage lautet nun «Darf ich mir dies erlauben?». In den meisten Fällen kann diese Frage mit «Ja» beantwortet werden. Die Selbstlimitierung kann bewusst geändert werden, indem auch die so ausgelösten Gefühle wahrgenommen und integriert werden. Dieses Vorgehen empfiehlt sich bei allen Antworten auf die Vermeidungsfrage. Wichtig ist, auch in diesem Prozess selbstachtsam zu bleiben: Wenn wir feststellen, dass wir bisher nicht wertschätzend mit uns selbst umgegangen sind, können wir Schmerz empfinden. Die Gefahr besteht, dass wir uns daraus einen Vorwurf machen. Vielleicht trauern wir auch um die vergebene Möglichkeit. Um sich von diesen Gefühlen nicht lähmen zu lassen, hilft die Feststellung, dass wir uns irgendwann im Leben (vielleicht auch unbewusst) so entschieden haben, weil es angesichts der Umstände notwendig war. Wir haben diese Entscheidung wahrscheinlich in den ersten sechs bis acht Lebensjahren gefällt – unsere eigene Antwort auf die Umstände, die wir damals angetroffen und interpretiert haben. Diese Antwort war damals notwendig, richtig und wichtig, weil wir so unsere als bedroht empfundene Existenz in der eigenen Logik sichern konnten. Die Erkenntnis, dass dies heute nicht mehr notwendig ist, befreit ungemein, da sich nun die Möglichkeit eröffnet, wertschätzender mit uns selbst umzugehen. Es fühlt sich an, als ob eine Türe in uns selbst aufgeht. Sie öffnet sich zu einem Raum, der immens gross ist und viele Dinge beinhaltet, die wir neu entdecken und kennenlernen dürfen. Das neue Erleben von mehr Wertschätzung steigert erfahrungsgemäss unsere

Lebensqualität, und zwar in dem Mass, wie sie uns vorher gefehlt hat. Es kann in etwa von einem kompensatorischen Effekt gleichen Ausmasses gesprochen werden.

Bei vielen Menschen kommt auch die Frage auf, weshalb sie erst jetzt erkennen, dass sie in dieser Beziehung ein Manko haben. Hinter dieser Frage wird der Anspruch spürbar, dass sie den Mangel früher hätten bemerken müssen, um den hohen Preis für eine kürzere Zeitperiode zu bezahlen. Um dieser Reue zu begegnen, hilft uns die Demut: Es ist immer auch eine bestimmte Zeitqualität nötig, bis sich eine Erkenntnis so zeigt – sei dies der notwendige Erkenntnisgrad der Problematik, die Bereitschaft, das Thema anzugehen, oder auch die eigene Erlaubnis dazu. Erst dann können wir die Situation verändern.

Verantwortung für das eigene Leben übernehmen

Wenn nun klar ist, um welche Aspekte es bei der persönlichen Veränderung zu mehr Selbstachtung geht, gilt es, die Verantwortung zu übernehmen. Verantwortung beinhaltet das Verb «antworten». Ein Mensch beantwortet seine Fragen, aber auch die Fragen, die an ihn gerichtet werden. Die Veränderung zu mehr Selbstachtung soll auf der Ebene der eigenen Werte und der in der Gesellschaft geltenden Ethik und Moral geschehen. Dies, um sicherzustellen, dass die neue und bewusst wahrgenommene Verantwortung in einem guten Verhältnis zur Mitwelt erfolgt. Die neue Dimension der Selbstverantwortung für das eigene Leben kann auf einer tieferen Erkenntnisebene und einer dadurch verbesserten Verantwortungsabgrenzung basieren. Eine solche Erkenntnis kann beispielsweise die Tatsache der Endlichkeit des Lebens sein. Sich mit dieser Tatsache bewusst auseinanderzusetzen, kann in der Einsicht münden, dass das Leben eine Chance ist, Erfahrungen zu integrieren und das Leben als Leben zu leben! Wie ist das gemeint? Es ist eine Art Schwebezustand, in dem der Mensch sich selbst führt und gleichzeitig geführt wird. Ein Zustand, in dem sich der Mensch geborgen und zugleich herausgefordert fühlt. Er soll sich neugierig und zugleich demütig den dringenden Fragen stellen und die Aufgaben annehmen.

Leben und Tod sind Polaritäten, zusammen bilden sie eine Einheit, weil es das eine ohne das andere nicht gibt. Das ist wie das Ein- und das Ausatmen, Tag und Nacht, Reichtum und Armut oder auch Krieg und Frieden. Das eine kann ohne das andere nicht erkannt werden. Sich des Lebens und des Todes bewusst zu sein und dahinter die Tatsache zu erkennen, dass beide doch zusammengehören, kann eine solche neue Basis sein. Manchmal tut diese Erkenntnis weh, besonders wenn wir jemanden verloren haben. Auf den ersten Blick scheint es besser zu sein, immer gesund zu sein oder in Frieden zu leben. Aber könnte der Mensch erkennen und schätzen, was es heisst, immer gesund zu sein, ohne einmal krank zu sein? Mit grosser Wahrscheinlichkeit nicht! Der Mensch ist zur Unterscheidung «verurteilt» und fokussiert sich auf den besseren Pol, indem er Begriffe bewertet. Sich über diese Aspekte Gedanken zu machen und Antworten zu geben, hilft, die Selbstverantwortung auf eine neue oder andere Basis zu stellen. Wenn dies erfolgt ist, kann der Verantwortungsbereich definiert werden.

Franz von Assisi soll sinngemäss auf diese Weise um Gelassenheit gebeten haben:

Gib mir den Mut, das zu verändern, was ich ändern kann,
die Kraft, das zu ertragen, was ich nicht ändern kann,
und die Weisheit, das eine vom andern zu unterscheiden.[18]

Wie dieses Zitat zeigt, ist es oft schwierig zu unterscheiden, was wir selbst ändern können und was nicht. Wir brauchen dazu Weisheit und sicherlich auch reflektierendes Denken. Den Teil der Verantwortung, den wir nicht selbst verändern können, dürfen wir loslassen, sei dies in Beziehungen oder in anderen Aspekten. Im Bereich der Selbstachtung können wir beispielsweise keine Verantwortung für die Selbstachtung der anderen übernehmen. Ausnahmen sind die Erziehungsrolle, in der dies altersadäquat wahrzunehmen ist, oder die Betreuungsrolle, weil einige Menschen mit einer Beeinträchtigung die Selbstachtung nicht in vollem Masse wahrnehmen können. Von diesen Fällen abgesehen ist es an jedem Menschen selbst, die Selbstachtung für sich wahrzunehmen, und zwar zu hundert Prozent. Dies hat sowohl eine belastende als auch eine befreiende Komponente. Auf der einen Seite ist es eine Art Bürde, auf der anderen Seite können wir alles zu hundert Prozent selbst tun. Wir sind auf niemanden angewiesen. Bei diesen Überlegungen geht es auch darum, sich klar darüber zu werden, in welchen Bereichen wir andere für Dinge verantwortlich gemacht haben, die wir längst eigenverantwortlich hätten verändern können.

---

[18] Das Gebet ist paraphrasiert (mit anderen/eigenen Worten wiedergegeben).

Für das eigene Leben die abgegrenzte, eigene Verantwortung bewusst selbst zu übernehmen, ist der zweite Schritt, um mehr Selbstachtung zu erwerben.

Abgrenzen und nein sagen können

Die Haut grenzt den Körper des Menschen von der Aussenwelt ab. Alles, was sich innerhalb der Haut befindet oder angefasst werden kann, gehört zum Körper des Menschen. Bei der Seele und dem Geist ist diese Klarheit nicht mehr gegeben. Deshalb ist es zentral, sich der eigenen Grenzen bewusst zu sein und diese auch gegenüber anderen zu kommunizieren. In diesem gegenseitigen Austausch entsteht zwischenmenschliche Nähe und Distanz. Auch bei diesen beiden Begriffen gelten die vorhergehenden Ausführungen über die Polaritäten. Es ist jedoch in diesem Zusammenhang noch deutlicher auf die gegenseitigen Abhängigkeiten dieser beiden Begriffe hinzuweisen. Nähe kann Distanz schaffen und Distanz gleichzeitig auch Nähe. Sich dessen bewusst zu sein, kann helfen, sich besser abzugrenzen, wenn ein ausgesprochenes Nein als zu hart empfunden wird. Die Fähigkeit, nein zu sagen, hilft wohl am meisten, sich nicht zusätzlich mit unerwünschtem Ballast zu beladen. Um dies zu erreichen, müssen wir authentisch sein.

Dieser Schritt beinhaltet also zusammengefasst eine konsequente Ablehnung von Dingen, die belasten und/oder selbstschädlich sind.

Erste Erfolge erzielen

Beschreiten wir diesen Weg, der die Selbstachtung stärkt, ist es – wie bei jedem Prozess – wichtig, erste Erfolge erzielen zu können. Diese stärken die Eigenmotivation und ermutigen uns, auf diesem Weg weiterzugehen. Erste Erfolge können beispielsweise sein, dass wir feststellen, in verschiedenen Situationen mehr zu uns und zu unseren Wertvorstellungen gestanden zu haben, uns klarer abgegrenzt zu haben oder dass sich eine befürchtete Folge eines Verhaltens nicht eingestellt hat.

Ein Beispiel soll zur Verdeutlichung beitragen: Eine Frau möchte selbstachtsamer werden und stellt sich die Vermeidungsfrage: «Was wäre denn anders in meinem Leben, wenn ich selbstachtsamer wäre?» Ihre Antwort lautet: «Wenn ich öfter nein sagen könnte.» Sie stellt nun nach den obigen Ausführungen die folgende Hypothese auf: «Wenn ich das Nein-Sagen vermeide, gehe ich weniger selbstachtsam durchs Leben.» Sie lässt dies auf sich wirken. In ihrem Kindesalter dürfte sie durch diesen unbewussten Entscheid Vorteile gehabt haben. Ihren eigenen Willen zu missachten, war ihre Antwort auf die damals angetroffene Lebenssituation.[19] Zu jener Zeit war dies auch gut für sie. Als Erwachsene bezahlt sie den Preis dafür. Sie weiss nicht, was der Grund für ihre geringe Selbstachtung ist, warum sie sich nicht erlaubt, nein zu sagen. Da für sie die Selbstachtsamkeit einen neuen Wert erhalten hat und sie der Hypothese Glauben schenkt, kann sie nun beginnen, sich dies zu erlauben und mit der neuen Verhaltensweise erste

---

[19] Vielleicht wollte sie ihren Platz in der Familie sichern oder hatte Angst «abgelehnt zu werden» – dies könnten Gründe für ihre damalige Entscheidung sein.

Erfahrungen zu sammeln. So merkt sie bei einem ersten Nein, dass die befürchtete Folge, die Person könne mit diesem Nein nicht umgehen und dies in den falschen Hals bekommen, nicht eintritt. Sie kann ganz normal wie früher mit dieser Person umgehen. Somit ist klar nachvollziehbar, dass die Frau aus dieser Erfahrung Mut schöpfen kann, auf ihrem neu eingeschlagenen Weg zu mehr Selbstachtung weiterzugehen. Sie wird zukünftig ihr Leben führen und sich nicht mehr länger leben lassen.

Solche Prozesse beinhalten jedoch nicht nur Schritte in die beabsichtigte Richtung, sondern auch Rückschläge. Sie gehören zu jedem Veränderungsprozess. Die Frage, die für den weiteren Prozess relevant ist, lautet: «Wie gehe ich mit dem Rückschlag um?» Der Umgang damit umfasst einen grossen Bereich. Handlungsoptionen von «Aufhören» und somit die Flinte ins Korn zu werfen bis zu «noch ermutigter weitergehen» bieten sich an. Um unseren Weg weiterzugehen, können wir einen Rückschlag als etwas Normales ansehen, und, so paradox es klingen mag, wir können uns daran erfreuen! Der Rückschlag zeigt uns nämlich auf, dass wir bereits auf unserem Weg der Veränderung unterwegs sind. Dies motiviert uns, wieder aufzustehen und weiter unseren Weg zu gehen, um sinnvoll in uns selbst investieren zu können.

Bei diesem Schritt ist es wichtig, selbstermutigt erste Erfolge zu erzielen, zu sehen, dass es durchaus auch anders als bisher gehen kann, und Kraft aus Rückschlägen zu schöpfen.

Selbstreflexion

Der letzte und zugleich sehr wichtige Schritt zu mehr Selbstachtung ist die Selbstreflexion. Die einzigartige Fähigkeit des Menschen, über sich und sein Verhalten nachzudenken, ist in Veränderungsprozessen essenziell: Sich selbst zum Gegenstand des Denkens machen zu können, bringt neue, vertiefte Erkenntnisse hervor.

Die Frage, wie es uns in diesen neuen Situationen ergangen ist, was wir dabei gefühlt haben, ist von grosser Wichtigkeit für die weitere Entwicklung in diesem Veränderungsprozess. Diese Reflexionen und Einschätzungen können für Feinjustierungen verwendet werden. Aus ihnen können sich aber auch neue Ansätze und Versuchsfelder ergeben. Insbesondere bei den Reflexionen ist es wichtig, in sich hineinzuhorchen, ob sich diese Erkenntnisse richtig und schlüssig anfühlen, ob sie zur eigenen Wahrnehmung, zum eigenen Leben passen. Es bringt sehr wenig, Erkenntnisse umsetzen zu wollen, die Widerstand entstehen lassen. Gerade auch an solchen Punkten zeigt sich die Thematik der Selbstachtsamkeit sehr deutlich. Man sollte sich die folgende Frage stellen: «Bin ich mir gegenüber selbstachtsam, wenn ich diesen Punkt verwirkliche, oder übergehe ich mich selbst?» Es empfiehlt sich, nur über die Bereiche vertieft zu reflektieren, in denen der erste Teil dieser Frage bejaht werden kann.

Noch einmal zurück zum Beispiel der Frau, die nicht nein sagen kann: Möglicherweise nimmt sie beim Nachdenken über sich selbst wahr, dass sie sich nicht abgrenzen kann. Obwohl sie eigentlich nein sagen will, kommt doch immer ein «Ja, natürlich, kein Problem!» über ihre Lippen. Sie nimmt sich also vor, auch in herausfordernden Situationen zu sich und ihren Bedürfnissen stehen zu wollen und nein zu sagen. Sie stellt sich nun im nächsten Schritt die Frage, ob dieser Gedanke selbstachtsam ist oder ob er sie eher überfordert. Sie realisiert: Beides ist möglich, und eine Selbstüberforderung ist nicht selbstachtsam. Sie erkennt also, dass sie von Situation zu Situation spüren sollte, wie sie sich entscheiden will. Um von Situation zu Situation zu entscheiden, braucht sie genug Zeit, um sich und ihre Bedürfnisse wahrzunehmen. Dabei will sie sich die folgenden Fragen stellen: «In welchen Situationen kann ich direkt nein sagen? Wie bemerke ich, dass mich eine Situation überfordert?» Um ihre Überforderung genauer wahrzunehmen, könnte sie eine Bedenkzeit einfordern. Der zeitliche Abstand wird ihr helfen, ihre Bedürfnisse besser zu spüren und die Klarheit zu erarbeiten, die sie für den Entscheid braucht.[20] Dieses Beispiel zeigt das gewinnbringende Resultat der Reflexion sehr deutlich. Es kann auch helfen, die Reflexion mit einer vertrauten Person zu teilen oder mit einer professionell ausgebildeten Person wahrzunehmen.

Die Resultate dieses letzten Schrittes können dann wieder in den ersten Schritt eingebracht werden. So entsteht ein Kreislauf, der die Selbstachtung stärkt und somit das Selbstvertrauen steigert. So können wir unsere Defizite korrigieren, sodass wir uns selbst mehr respektieren können. Auch daran ist zu erkennen, dass sich Selbstachtsamkeit von Egoismus unterscheidet.

---

[20] Meist hilft es bereits, die Entscheidung auf den folgenden Tag zu verschieben, damit man «darüber schlafen» kann.

MEIN NEUER UMGANG MIT MIR

Was mich betrifft, so zahle ich für die Fähigkeit, Menschen richtig zu behandeln, mehr als für irgendeine andere auf der ganzen Welt.

John D. Rockefeller

Behandle einen Stein wie eine Pflanze, eine Pflanze wie ein Tier und ein Tier wie einen Menschen.

Indianische Weisheit

Jedesmal, wenn ich etwas sehe, was mich an jemand anderem stört, wäre es sinnvoll, mich daran zu erinnern, dass das, was ich sehe, auch immer ein kleines, ein klitzekleines Stück von mir selbst ist.

Jorge Bucay

Nachdem im vorherigen Kapitel aufgezeigt worden ist, wie wir die Selbstachtsamkeit erhöhen können, geht es nun darum, zu beschreiben, wie der neue Umgang mit uns selbst gestaltet werden kann. Zu diesem Zweck sind die folgenden grundsätzlichen Fragen zu beantworten:

- Was für ein Mensch möchte ich sein?
- Was ist das Wesentliche in meinem Leben?
- Wie begegne ich mir in meinem Alltag?

Diese Fragen werden im Folgenden diskutiert.

Was für ein Mensch möchte ich sein?

Wer sich diese Frage stellt und eine Antwort sucht, landet direkt beim Nachdenken über sich selbst: Plötzlich steht die eigene Person im Vordergrund. Dann tauchen die Fragen wie von selbst auf: «Wie bewusst will ich mein Leben führen? Wie sehr will ich selbst mehr darauf achten, was und wie ich selbst entscheide? Wie werde ich mir klarer darüber, durch wen oder was Freude oder Leid entsteht? Wie kann ich selbstachtsam handeln?»

Wenn die Antworten aufscheinen, gilt es, die Verantwortung für sich zu übernehmen. Wer sich diesen Fragen stellt, kann sich beispielsweise die schmerzvollen Erfahrungen vergeben. Wenn wir Freude empfinden, können wir auf dem eingeschlagenen Weg weitergehen, indem wir uns selbst das geben, was wir zum Leben brauchen.

Die Frage eröffnet auch einen Raum für uns: «Wie will ich mich selbst und andere behandeln? Eher wohlwollend-liebend oder wertend-verurteilend? Werde ich künftig mich selbst, andere oder Geschehnisse mehr bewerten und je nachdem verurteilen, oder versuche ich bewusst, offen zu bleiben, nicht zu werten und weniger zu verurteilen? Wie wird sich diese Entscheidung auf mich und mein Leben auswirken? Wird sie mich belasten oder erleichtern?» Sobald wir uns mit diesen Fragen beschäftigen, wird sich eine Veränderung einstellen. Die Beantwortung dieser Fragen führt zu mehr Authentizität und damit zu einem selbstachtsameren Umgang mit uns selbst. Wie wir sie beantworten, hängt auch vom Kontext ab. Die Umstände und die Mitwelt müssen dabei berücksichtigt werden. Die Rahmenbedingungen beeinflussen unsere Entscheidungen. Stets gleich bleibt jedoch, dass die eigene Selbstachtung immer berücksichtigt werden muss. Die Antworten sollten folglich vor der eigenen Selbstachtung bestehen können.

Ein Beispiel: Ein Angestellter fragt sich, ob er nach einer erst fünfmonatigen Anstellungsdauer bereits wieder den Job wechseln soll. Um eine Entscheidung zu treffen, die zu ihm passt, muss er verschiedenste Fragestellungen im Gesamtzusammenhang stellen: «Verletze ich meine Selbstachtung dabei? Kann ich mit der Entscheidung leben? Fühle ich bei einer der Antworten Widerstand? Wenn ja: warum? Wo muss ich die Frage vielleicht anders stellen, damit ich zu einer befriedigenden Antwort komme?» Die Antworten auf diese Fragen muss er überprüfen.

Was ist das Wesentliche in meinem Leben?

Sicherlich handelt es sich dabei um eine sehr zentrale Frage. Deswegen lohnt es sich, zuerst in sich hineinzuhorchen. Horchen braucht Zeit – Zeit ist eine gute Investition, um zu einer befriedigenden Antwort zu kommen. Die Frage kann in zwei gegensätzliche Richtungen gestellt werden. Wer so fragt, befindet sich in einem Spannungsfeld, dessen Endpunkte zwei unterschiedliche Pole sind: Autonomie und selbstgewählte Abhängigkeit, immaterielle und materielle Lebensführung, innen und aussen.

Im Folgenden werden Fragen der autonomen Lebensführung gestellt:

Lebe ich eine wertschätzende, selbstachtsame und liebevolle Beziehung zu mir selbst? Befolge ich meinen selbst gegebenen Lebenssinn? Tue ich das, was mir Freude macht? Fokussiere ich mich auf die Gegenwart, das Jetzt? Bin ich dankbar für die Geschenke des Lebens? Versuche ich, meine Herzenswünsche und Sehnsüchte zu erfüllen?

In diesem Fragenkatalog geht es um den Grad der einseitigen Abhängigkeit:

Konzentriere ich mich darauf, einmal Erreichtes abzusichern und mein materielles Überleben unverhältnismässig sicherzustellen? Will ich mich für andere aufopfern und ihre Angelegenheiten für sie lösen, während ich die meinigen hintenanstelle? Renne ich einer suchthaften Bestätigung anderer hinterher? Erlaube ich mir, nur dies zu tun, was andere auch tun?

Wie begegne ich mir in meinem Alltag?

Kann ich diese Frage eher mit «wie einem guten, selbstachtsamen Freund» oder «wie einem perfiden, äusserst wirkungsvollen Selbstkritiker, der sehr vernichtend kritisieren kann und selbst bei den besten Gedanken und Taten ein Haar in der Suppe findet», beantworten?

Es versteht sich von selbst, in welche Richtung es sich lohnt, die eigene Entwicklung mit den richtigen persönlichen Entscheidungen zu fördern. Ein selbstachtsamer, ermutigender Weg wird damit begangen, der sich für alle lohnt: für uns selbst, das Umfeld und das grössere Ganze. Wir können immer damit anfangen und praktisch alles, was wir dazu brauchen, liegt in unseren Händen. Alte Begrenzungen schwinden, Frieden im eigenen Hause kann entstehen oder vertieft werden. Die eigene Intuition wahrzunehmen, fällt leichter. Ihr zu vertrauen, wird uns hilfreich durch unser Leben begleiten. Herz und Verstand werden gleichberechtigt in Entscheidungsprozesse einbezogen. Durch klare Verantwortungsabgrenzung und -übernahme für denjenigen Teil, der tatsächlich das Eigene ist, kann Ordnung für die inneren und äusseren Angelegenheiten hergestellt werden. Wir öffnen uns zum Leben, zum Mitmenschen und zu uns selbst.

Der neue Umgang mit uns selbst mündet in eine bewusste, selbstverantwortliche Schöpferrolle, in der das Leben neu erfahren wird! So wird der **Selbstermutigung** mehr Beachtung geschenkt, indem wir die Verantwortung übernehmen. Wir hoffen und warten nicht mehr, bis irgendein Lebensretter am Horizont auftaucht, sondern nehmen das Heft selbst in die Hand. Gleichzeitig bilden wir die Fähigkeit aus, den inneren Kritiker mundtot zu machen oder spielerisch mit ihm umzugehen: «Ja, möchtest du dich schon wieder melden? Was möchtest du mir sagen? Du kannst es mir zwar schon mitteilen, aber es bringt nichts, weil ich mein Leben nicht mehr durch dich einschränke. Ich bin reif genug, um es selbst konstruktiv zu gestalten!» Mit dieser ironischen Haltung gegenüber dem inneren Kritiker werden auch die **Selbstgespräche** konstruktiver, wertschätzender und wohlwollender. Die Haltung uns selbst gegenüber ändert sich durch den neuen Umgang. Wir müssen nicht mehr gehetzt nach etwas suchen, was in unserem Inneren schon längst vorhanden ist. Wir sind Menschen. Wir treffen manchmal falsche Entscheidungen. Wir haben Fehler. Diese gelassene Akzeptanz der eigenen Unzulänglichkeit ist nun gewährleistet. So kann ein neuer **Umgang mit Fehlern** etabliert werden, der nicht mehr in Selbsterniedrigung mündet, sondern in ein Staunen, was noch immer gelernt und integriert werden kann.

Selbstbeschuldigungen haben keinen Platz mehr, da die definitive Überzeugung vorhanden ist, dass diese auf der unnützen Seite des Lebens sind: «Ich bin es mir wert, mich nicht länger selbst zu beschuldigen!» Indem ich mich selbst und meine Bedürfnisse achte, weichen die Selbstbeschuldigungen zugunsten einer neuen Selbstfürsorge. So kann und darf ich mich um mich selbst kümmern. Die Wahrnehmung der eigenen Bedürfnisse wird auf diese Weise normalisiert. Was wir brauchen, ist nichts mehr, auf das wir aus irgendwelchen, unerklärlichen Gründen verzichten müssen. Damit ist ebenfalls sichergestellt, dass das Bewusstsein, sich selbst nicht mehr zum Spielball anderer Interessen zu machen, geschärft ist. Erst in der Rolle des Subjektes ist die Handlungsfähigkeit und die Autonomie wieder hergestellt. Alles in allem: Der neue Umgang mit sich selbst ist ein wahrer Gewinn an Lebensqualität, eine neue Art und Weise, durchs Leben zu gehen und der eigenen Lebensfreude Ausdruck zu geben!

AUSWIRKUNGEN AUF MÖGLICHE LEBENSROLLEN

Der Respekt der Eltern vor den Kindern ist viel wichtiger als der Respekt der Kinder vor den Eltern.

Johannes Müller

Spiel ist notwendig zur Führung eines menschlichen Lebens.

Thomas von Aquin

Eltern sollten ihren Kindern ein Fass mit Selbstachtung so gut füllen, dass es trotz aller Löcher, die die Mitwelt hineinbohrt, nie ganz auslaufen kann.

Unbekannt

Die gesteigerte Selbstachtung wirkt sich auch auf die verschiedenen Lebensrollen eines Menschen aus. Bevor genauer darauf eingegangen wird, ist es wichtig, sich der eigenen Rollen bewusst zu werden. Die Frage lautet also: Welche Rollen habe ich? Anders formuliert: Welche Rollen spiele ich? Der Unterschied zwischen diesen beiden Fragen ist nicht zu unterschätzen, da sie psychodynamisch anders wirken. Der Ausdruck «eine Rolle haben» impliziert den Anspruch, diese Rolle möglichst gut erfüllen zu müssen. Dies kann einen inneren Druck auslösen, in dieser Rolle zu genügen, je nachdem sogar besser zu sein, als andere dies getan haben. Das Ganze bekommt eine Schwere, die uns belastet. Wenn hingegen das Verb «spielen» verwendet wird, ist dies nicht abschätzig, abwertend oder unseriös gemeint, sondern impliziert eine Flexibilität, ein «Sich-nicht-**zu**-wichtig-Nehmen». Es handelt sich hierbei um ein ernsthaftes Spiel: Dass jeder und jede fehlbar ist und «Fehler gemacht werden dürfen», wird dabei keine Sekunde lang vergessen. Eine gewisse Demut und Bescheidenheit kommt dabei auf, und so entsteht eine Art Leichtigkeit.[21] Wahrscheinlich ist es gerade diese Leichtigkeit, die dazu beiträgt, die Rolle noch umfassender, noch stimmiger für die Spielenden und ihr Umfeld zu leben. Die Unterscheidung zwischen «Haben» und «Spielen» manifestiert sich auch in der Distanz zu dieser Rolle. Erst beim «Spielen» entsteht eine weniger starke Identifikation mit der Rolle. So können wir über diese Rolle mit mehr Abstand reflektieren, um uns als Person nicht mit der auszufüllenden Rolle gleichzusetzen.

In der Folge werden verschiedene Rollen etwas vertiefter betrachtet. Dabei handelt es sich um die Rolle der Mutter, des Vaters, des arbeitenden Menschen, der Führungskraft, des Lebenspartners oder der Lebenspartnerin und «des eigenen Entwicklers» oder «der eigenen Entwicklerin».

---

[21] Es sei hier die Frage erlaubt, ob es aus diesen Überlegungen heraus nicht auch erleichternder wäre, das ganze Leben so aufzufassen. Eine provokative Frage, über die sich eine Reflexion lohnen kann!

Mutterrolle

Eine Mutter, die sich bewusst mit ihrer Selbstachtung auseinandergesetzt hat, wird in der Mutterrolle achtsam mit der Selbstachtung ihrer Kinder umgehen. Sie wird versuchen, ihre Erfahrungen altersadäquat an ihr Kind weiterzugeben, um seine Selbstachtsamkeit zu fördern. Dies beginnt damit, dass sie ihr Kind so sieht, wie es ist. Sie wird seine Entwicklung nicht mit den eigenen Ansprüchen überfrachten. Damit ist die Grundlage gelegt, überhaupt erst zu erkennen, welche Talente und Fähigkeiten das Kind besitzt. Diese können dann verstärkt und gefördert werden. Die Veränderung des Kindesverhaltens kann auf die wichtigsten Aspekte beschränkt werden, nämlich auf diejenigen, die für das Kind schädlich sind (z. B. Verhaltensweisen, die dem Zusammenleben in der Familie schaden oder es sozial isolieren). Mit dieser Haltung der Mutter (und natürlich auch des Vaters) kann das Kind auch authentisch sein. Die Akzeptanz der Mutter führt zur Selbstakzeptanz des Kindes und somit zur Grundlage einer gut ausgebildeten Selbstachtung.

Die Mutter wird in verschiedenen Situationen anders auf das Kind reagieren, als sie dies vorher getan hat. Sie wird auch andere Worte wählen, um das Kind in seinem Bemühen, Dinge selbst zu tun, zu unterstützen. In der Folge sollen ein paar Beispiele aufzeigen, wie sich die Wortwahl verändern kann.

Situation	Vorher	Nachher
Kind macht etwas Unüberlegtes	Du denkst nie nach, bevor du etwas machst.	Was kannst du dir beim nächsten Mal vorher überlegen?
Kind sucht Aufmerksamkeit	Hör auf, mich zu nerven!	Schau, ich spreche jetzt gerade mit unserer Nachbarin. Nachher komme ich zu dir.
Kind hat etwas sehr gut gemacht	Das hat ja gerade noch geklappt!	Ich gratuliere! oder Ich wusste, dass du es schaffst!
Kind machte Mutter wütend	Du bist wieder mal sehr, sehr frech!	Ich bin wütend und möchte es nicht an dir rauslassen. Wir reden abends darüber!
Bei den Hausaufgaben	Das kann doch nicht so schwer sein!	Komm, schauen wir es anders an: Was hast du bis jetzt verstanden und was nicht?

Eine weitere, sehr wesentliche Veränderung der Mutterrolle besteht darin, eigene Schuldgefühle abzubauen. Schuldgefühle, die aus dem verinnerlichten Satz «Ich mache es nicht gut genug!» stammen, nehmen massiv ab, da durch die Stärkung der Selbstachtsamkeit ein neuer Glaubenssatz entstanden ist: «Ich mache es nach meinem besten Wissen und Gewissen zum Wohle der Entwicklung meines Kindes, meiner Familie und mir selbst!» Aus dieser Veränderung sticht die neu erworbene Gleichwertigkeit heraus. Die im bisherigen Satz ersichtliche Minderwertigkeit verliert ihre schädliche Wirkung, da durch den Prozess der Selbstachtungsverbesserung die Folgen des inneren Kritikers eliminiert werden konnten. Der neue Satz zeigt auch auf, dass sich die Mutter in ihrer Rolle eine viel stärkere Wertschätzung gibt, und zwar ohne zu übertreiben oder sich übermässig wichtig zu nehmen. Ihre Selbstwerteinschätzung hat sie ihren persönlichen Fähigkeiten, aber auch ihren persönlichen Unzulänglichkeiten angepasst. Diese Einschätzung befindet sich auf einer neutralen Ebene: Die Mutter schätzt sich realistisch ein. Sie muss sich weder über- noch unterschätzen. So wird auch eine verbesserte Selbstakzeptanz spürbar. Die Mutter steht zu sich und spürt somit eine neue Authentizität, die sich positiv verstärkend auf ihr Umfeld auswirkt. Die Gelassenheit, die damit einhergeht, wirkt sich positiv auf ihr Kind aus: Sie kann ein Vorbild für ihr Kind sein. Durch den sozialen Austausch mit anderen Menschen wird die Mutter diese Veränderungen gespiegelt bekommen und sich in ihrer Veränderung bestärkt sehen: Lob, Respekt und Achtung, die andere Menschen ihr entgegenbringen, bestärken sie in ihrem Verhalten. Sie wird das Lob anderer Menschen nicht mehr abtun, sondern wird es dankend entgegennehmen und sich auf ihrem Weg bestätigt sehen. Gleichzeitig wird sie sich und ihren Selbstwert nicht von diesem Lob abhängig machen: Sie ist kein Objekt, das nur den Wert hat, den andere ihm zusprechen. Sie hat einen eigenen Wert, den sie sich selbst beimisst. Sie hat die diesbezügliche Bedeutung für ihre Psyche erkannt und weiss, dass ihr Wert allein aus der Tatsache resultiert, dass sie ein Mensch ist – nicht mehr, aber auch nicht weniger!

All diese Aspekte helfen ihr, das Kind in seiner Selbstachtungsentwicklung zu unterstützen. Sie wird sensibilisierter sein, auf diese Punkte achten und sich jeden Tag Zeit einräumen, um zu sich selbst zu schauen – ohne schlechtes Gewissen. Sie weiss, dass sie gleichberechtigt zu sich schauen muss, weil ihr viel daran liegt, für die anderen Familienangehörigen, ihr soziales Umfeld und für ihre Berufstätigkeit da zu sein. Sie ist trotz möglicher Rückschläge in ihren Bemühungen ermutigt, ihren Weg zu gehen. Ihre Hoffnung und die darin enthaltene Zuversicht geben ihr die Kraft dazu.

Vaterrolle

Genau wie die Mutterrolle wird sich auch die Rolle des Vaters selbstachtsamer gestalten, und die Bemühung, das Kind selbstachtsamer zu erziehen, dürfte spür- und erkennbar sein. Dies im Wissen darum, wie die Persönlichkeit eines Menschen entsteht und welchen Einfluss der Vater darauf hat. Er wird besser verstehen, warum sich seine Frau auf das erstgeborene Kind fokussiert, und die Bedeutung dieser Fokussierung für die beiden einschätzen können. Zudem ist ihm die Bedeutung seiner Rolle als Vater für das Kind und die Entlastung seiner Frau bewusst. Er nimmt diese Rolle auch wahr und füllt sie aus. Dies in der Gewissheit, dass seine neu definierte Selbstachtsamkeit sich auch auf sein Umfeld auswirkt. Früher priorisierte er die Arbeit, jetzt übernimmt er die Vaterrolle und die damit verbundenen Wertvorstellungen. Beide sind für ihn genauso wichtig wie seine Arbeit – so definiert er seine Selbstachtsamkeit. Natürlich kann dies bei einer Hundertprozent-Anstellung zeitmässig nicht erreicht werden, aber es geht in erster Linie nicht um den quantitativen Aspekt, sondern um die innere Haltung, in der er die beiden Rollen als Vater und Arbeitnehmer als gleichwertig und gleichberechtigt ansieht. Beide Rollen werden für die Selbstachtung als zentrale Elemente angesehen, da sie für ihn wichtig sind. Wenn er sie als unterschiedlich wichtig ansehen würde, minderte dies seine Achtung vor sich selbst. Er steht zu sich. Deshalb bedeutet es für ihn nach dieser bewussten Auseinandersetzung auch keinen Aufwand mehr, seine veränderten Prioritäten im privaten wie im geschäftlichen Kreis zu kommunizieren. Er erreicht durch die gewonnene Klarheit eine neue Authentizität. Seine inneren Gedanken stimmen mit denjenigen überein, die er gegen aussen äussert. Sein Umfeld stellt dies fest und gibt entsprechende Rückmeldungen. Diese bestärken den Vater auf seinem Weg oder regen ihn an, seine neue Rolle noch einmal zu überdenken.

Elternrolle

In der berufstätigen Vaterrolle wie auch in der berufstätigen Mutterrolle besteht die Herausforderung darin, alles unter einen Hut zu bringen. Auch hier werden die Eltern, die sich mit den Aspekten der Selbstachtung auseinandergesetzt haben, versuchen, den Weg unter Berücksichtigung des grösseren Ganzen zu gehen. Sie werden sich ihrer Rollen und der unterschiedlichen Wertvorstellungen bewusster und thematisieren dies untereinander. Sie schätzen die möglichen Auswirkungen auf das System Familie gemeinsam ein. Mitunter ist auch die Partnerrolle, die sich wegen der Geburt von Kindern prinzipiell nicht stark verändern sollte, ein zentrales Element für das gute Gelingen. Vater und Mutter werden sich auch für ihre Rolle als Paar Zeit nehmen, um auch diese Seite zu leben. Sei es bei einem gemeinsamen Gespräch, einem romantischen Abendessen oder einem Spaziergang in der Natur. Sie werden dadurch bessere, neue Lösungen für die ganze Familie finden.

Mit dem Heranwachsen der Kinder verändern sich die Fragestellungen stark. Sowohl für den Vater wie auch für die Mutter wird es wichtig sein, altersadäquat mit den Kindern zu kommunizieren, ihre Bedürfnisse zu thematisieren und sich die Frage zu stellen, in welchen Bereichen sie ihnen beistehen können. Dieser Ansatz fördert die Selbstachtung der Kinder, da sie als Individuen in ihren Bedürfnissen, Ängsten, Stärken und Schwächen wahrgenommenen, unterstützt und begleitet werden. Zudem kann dabei auch der qualitativen Beziehungspflege Genüge getan werden – besonders wenn die quantitative Beziehungspflege infolge der Berufsarbeit zu kurz kommt. So kann es beispielsweise sein, dass ein Kind mit dem Vater gerne Fussball spielen möchte und dies für den Vater an einem Samstag oder Sonntag kein Problem darstellt. Möglicherweise möchte der vierzehnjährige Sohn seine Freizeit lieber mit Gleichaltrigen verbringen als sich mit den Eltern irgendwo zeigen zu müssen. Zwischen Eltern und Kind findet durch diese Gespräche eine Erwartungsklärung statt, die auf Gleichwertigkeit und adäquater Fürsorge basiert.

Arbeitsrolle

Die Arbeit ist eine sehr wichtige Komponente im Leben eines jeden Menschen – unabhängig davon, ob diese finanziell entschädigt wird oder nicht. Wie kann sich nun das Verhalten eines Menschen, der selbstachtsamer geworden ist, in der Arbeitswelt verändern? Die erhöhte Selbstachtsamkeit führt dazu, dass die Person ihre Bedürfnisse bewusster wahrnimmt. Auch die Hemmschwelle, für die eigenen Bedürfnisse einzutreten, sinkt stark, sei dies gegenüber Arbeitskollegen, Arbeitskolleginnen oder Vorgesetzten. Eine selbstachtsame Person wird ihre Arbeit so gestalten, dass sie ihren Workload ihren Kapazitäten anpasst und auch äussert, wenn es zu viel wird. Das Gleiche gilt auch, wenn die Arbeit quantitativ zu wenig oder qualitativ nicht mehr herausfordert. Auch eine Unterforderung ist nicht selbstachtsam: Vielleicht möchte man lieber mehr leisten oder sucht die Herausforderung. Der selbstachtsamere Mensch wird sich in all diesen Aspekten mehr um sich und die eigenen Bedürfnisse kümmern. Die Achtsamkeit bezieht sich aber nicht nur auf die Arbeitsinhalte, sondern auch auf den Sinn, den die Arbeit ihm vermittelt. Er wird sich die Frage stellen, welchen Beitrag er leistet und wie sinnvoll diese Tätigkeit ist. Fällt die Antwort auf diese Frage positiv aus, wird er sich in seiner Selbstachtsamkeit bestätigt sehen und dann weiterhin bereit sein, seinen Beitrag zu leisten. Fällt die Antwort negativ aus, ist es selbstachtsam, sich neu zu orientieren: Eine Arbeit, die ihm nicht (mehr) sinnvoll erscheint, widerspricht seiner selbstachtsamen Haltung.

Doch Vorsicht: Genau in diesem Punkt kann ein selbstachtsames Verhalten auch ins Gegenteil kippen. Wenn diese Person eine Familie ernähren muss, finanziell in einer angespannten Lage ist und keine andere Stelle in Aussicht hat, wäre eine Kündigung alles andere als selbstachtsam. Hier können die finanziellen Überlegungen temporär selbstachtsamer und somit wichtiger sein, als genau dann die Stelle zu verlassen. Diese Überlegungen zeigen auf, dass die Zeitdimension in diesen Betrachtungen ebenfalls eine Rolle spielt. Es gibt also keine starre Struktur der Handlungsempfehlungen: Kurzfristig kann es selbstachtsamer sein, einen unbefriedigenden Zustand zu erhalten, um diesen dann in einer späteren Phase zu verändern. Dies kann selbstachtsamer und auch mitweltkompatibler sein, als sich kopfüber ins Unbekannte zu stürzen.

Anhand dieses Beispiels lässt sich nachvollziehen, dass diese Person bei einer Kündigung ihre Selbstachtsamkeit beschädigen würde, weil ein solcher Entscheid und die daraus resultierenden Folgen die eigenen Werte «finanzielle Unabhängigkeit» und «zur finanziellen Sicherheit der Familie beitragen» torpediert würden. In diesem Zusammenhang führt Strasser Folgendes aus: Falls es Pflichten gegen sich selbst gibt, «dann ist eine der zentralen Pflichten gegen sich selbst, nichts zu tun, was die eigene Selbstachtung beschädigt» (2009, S. 63). Strasser entgeht auch nicht der soziale Bezug der Selbstachtung: Es «[...] gehört zu dem, was ein Mensch sich selbst schuldig ist, eben auch, nichts zu tun, was die Pflichten gegen andere verletzt» (ebd.).

Hätte der Vater im obigen Beispiel seine Stelle gekündigt, hätte er unmoralisch gehandelt, weil er die Bedürfnisse seiner Familie verletzt hätte. Die Moral steht klar über der Selbstachtung. So kann eine Entscheidung zwar selbstachtsam sein, aber trotzdem moralisch nicht vertretbar. Einen neuen, langersehnten Job anzunehmen, ist sicherlich selbstachtsam, da dieser Wunsch bestand und nun erfüllt wird. Sich in einem Bewerbungsprozess gegen andere Mitbewerbende durchzusetzen, genügt den moralischen Ansprüchen. Eine Person hinterrücks aus einem Job «herauszumobben», um den Posten zu bekommen, genügt den moralischen Ansprüchen hingegen nicht, weil ein Unrecht begangen worden ist. Dies ist moralisch verwerflich. Wird dies bewusst und gegen die eigenen Werte getan, ist es neben dem rechtlichen Verstoss auch eine Verletzung der Selbstachtung. Aus diesen Gründen soll man dies unterlassen.

Eine weitere Komponente, die sich in der Arbeitswelt auswirkt, ist die Abgrenzung. Einer selbstachtsameren Person wird es leichter fallen, sich gegenüber ihrem Umfeld abzugrenzen. Das heisst, sie wird ihre Aufgaben, ihre Kompetenzen und ihre Verantwortung so weit wahrnehmen, wie es aus ihrer Sicht im Sinne des grösseren Ganzen notwendig ist. Dies kann in einem Fall sehr restriktiv sein: «Dies ist entschieden nicht mein Aufgabengebiet.» In einem anderen Fall können Zugeständnisse gemacht werden: «Unter den gegebenen Umständen übernehme ich diese Aufgabe.» Das Nein-Sagen fällt leichter und es geht vermehrt ohne schlechtes Gewissen über die Lippen. Auch damit verbundene Entschuldigungen oder Begründungen haben nicht mehr den früheren Stellenwert.

Führungsrolle

Auch auf das Führungsverständnis wirkt sich die Selbstachtung aus – eine solche Führungsperson ist für Unternehmen sehr wertvoll. Sie sieht sich als wertschätzende, unterstützende, die eigenen Mitarbeitenden fordernde und fördernde Führungsverantwortliche. Somit leistet diese Person einen wichtigen Beitrag zur Weiterentwicklung der Mitarbeitenden und trägt Sorge zu einem guten Arbeitsklima. Sie wird ihre Vorbildfunktion aufgrund der erhöhten Selbstachtung bewusster wahrnehmen. Diese Bewusstheit wird daran erkennbar, wie Aufgaben erledigt und die Führungsverantwortung wahrgenommen und die Werte der Unternehmens- und Führungskultur vorgelebt werden. Wenn man in der Firma auf eine gute Work-Life-Balance aller Mitarbeitenden achtet, dann wird sich diese Person auch ihrer Signalwirkung bewusst sein. Aus dieser Überlegung heraus wird sie nicht mehr morgens die erste und abends die letzte im Betrieb sein. Sie wird ihr

Arbeitspensum so anpassen, dass die Work-Life-Balance nicht aus dem Gleichgewicht gerät. Dies wird durch eine klarere Abgrenzung gegenüber ihren Vorgesetzten oder mittels optimaler und entwicklungsfördernder Delegation an die Mitarbeitenden erreicht. Zudem wird sie die Mitarbeitenden in diesem Punkt so in die Planung einbeziehen, dass eine ausgewogene Lastverteilung sichergestellt wird. Die Arbeit wie auch das Privat- und Familienleben nehmen für sie einen gleichermassen wichtigen Stellenwert ein. Sie achtet darauf, dass sowohl die Bedürfnisse ihrer Mitarbeitenden als auch ihre eigenen berücksichtigt werden. Sie wird eine Feedbackkultur implementieren, in der sie in bilateralen Meetings selbstachtungsfördernde Aspekte ansprechen kann. Damit festigt sie ihre Beziehungen zu den Mitarbeitenden und übt so ihre Vorbildfunktion aus.

Das neue Menschenbild wird es dem oder der Führungsverantwortlichen ermöglichen, respektvoller mit den Mitarbeitenden umzugehen, ohne dabei die Durchsetzung von Konsequenzen bei fehlbarem Verhalten zu scheuen. Diese Person wird auch konsequenter agieren oder reagieren, wenn sie feststellt, dass Mitarbeitende Pflichten gegenüber anderen Mitarbeitenden verletzen. Dies erfolgt konstruktiv. Eine solche Führungsperson wird dabei ihre Empathie nicht verlieren. Die erhöhte Selbstachtung führt zu mehr Authentizität, steigert die Sicherheit in der Führungsrolle und führt im besten Falle dazu, sich als Vorgesetzter oder Vorgesetzte in einer unterstützenden Funktion zu sehen. Die beste Führung ist, wenn man «sich als Führungskraft überflüssig macht», indem die Mitarbeitenden so unterstützt werden, dass sie ihren Job selbständig ausführen können. Diese Art der Führung führt nämlich dazu, dass in den

Mitarbeitenden mehr Eigeninitiative geweckt wird. Die Führungsperson unterstützt damit die Fähigkeit der Mitarbeitenden, Selbstbeschränkungen abzubauen. So können die Kollegen und Kolleginnen ihr Potenzial besser entfalten und leben.

Rolle als Lebenspartner und -partnerin

Da es sich bei dieser Rolle um zwei Menschen handelt, die sich sehr nahestehen, hat die Steigerung der Selbstachtsamkeit unmittelbare Auswirkungen auf das Gegenüber. Veränderungen, die aus einer neu gewonnenen Haltung resultieren, werden rasch bemerkt und wohl auch thematisiert werden. Der Aspekt der Mitweltkompatibilität bekommt mehr Beachtung. Wenn der Partner oder die Partnerin beabsichtigt, die Selbstachtung zu erhöhen, sollte er oder sie dies rechtzeitig kommunizieren. Wer offen und fair informiert wird, wird die Veränderung eher mittragen und unterstützen. So kann die Entwicklung begünstigt werden. Mehr Selbstachtung beim Partner dürfte in einer funktionierenden Partnerschaft auch zu mehr Selbstachtung bei der Partnerin führen. Auf diese Weise entsteht eine Gemeinschaft, die auf Unabhängigkeit, Wohlwollen und gegenseitiger Achtung basiert.

Auch das Thema Eifersucht erhält eine andere Note. Wurde die Eifersucht des Partners oder der Partnerin vorher als eine Art «Liebesbeweis» gesehen, wird sie nachher als eine unzureichende Selbstachtung interpretiert. Wer eifersüchtig ist, ist sich seiner selbst und des Partners oder der Partnerin nie sicher. Solche Menschen suchen Sicherheit und bestimmte Vorzüge bei einem anderen Menschen, ohne diesem anderen Menschen wirklich vertrauen zu können. So fühlen sich die

Betroffenen stets unsicher, und dies zeigt sich als Eifersucht. Deswegen basiert Eifersucht oftmals auf einem verminderten Selbstwertgefühl. Dieses kann durch mehr Selbstachtung gestärkt werden.

In Konflikten zeigen sich markante Unterschiede. Wer sich selbst achtet, wälzt nicht einfach die Schuld auf den Partner oder die Partnerin ab. Es geht auch nicht mehr darum, das Gegenüber persönlich zu kritisieren, sondern die Achtung vor sich selbst führt dazu, Eigenanteile an der Schuld zu reflektieren und die Kritik auf die Verhaltensweise zu richten und nicht auf die Person. Zudem wird in Konfliktsituationen eher nach Lösungen gesucht als nach den Verantwortlichkeiten: Es geht nicht mehr darum, wer beispielsweise einen Fehler begangen hat, sondern um eine konstruktive Lösung eines Konflikts und um gegenseitiges Verständnis.

Eigene Entwicklerrolle

Nach dem Lernprozess zu mehr Selbstachtung, der in seinen Nuancen nie abgeschlossen ist, kommt der achtsamen Selbstentwicklerrolle eine neue Bedeutung zu. Diese äussert sich darin, sich selbst gerechter zu werden und die inneren Überzeugungen, Werte und Sehnsüchte zu leben. Wir sollten die Selbstachtung nicht als etwas Fremdes ansehen oder selbstachtsame Handlungen einfach auf später verschieben, sondern diesen nachspüren. Dabei können wir innehalten und diese selbstachtsam nachleben. Währenddessen ist es wichtig, in uns immer auch das Potenzial zu sehen, wohin wir uns als Mensch entwickeln können – im Idealfall zu einem Menschen, der unter Berücksichtigung der eigenen Achtung zum persönlichen Wachstum seines Umfeldes und damit zu sich selbst beiträgt. Diese Rolle kann nicht losgelöst vom Umfeld gesehen werden, denn die Selbstachtung wird im sozialen Austausch entweder gestärkt oder geschwächt, und zwar so lange, wie keine Gleichwertigkeit herrscht. Eine Aussage wie «Du gehörst nicht zu uns» mindert die Selbstachtung mehr, als sie ein Lob wie «Das hast du gut gemacht» stärkt. Gerade für die Nuancen der Selbstachtsamkeit ist die soziale Interaktion jedoch wichtig, weil allfällige blinde Flecken nur über die Mitwelt erkannt werden können. Das Erkennen bildet die Grundlage dafür, diese blinden Flecken zu reflektieren, detaillierter zu betrachten und zu integrieren. Wenn die Integration selbstachtsam erfolgt, führt dies auch zu einer Weiterentwicklung der Persönlichkeit.

Erst wenn die Überzeugung gefestigt ist und die Gewissheit, dass jeder Mensch gleich viel wert ist wie der andere, internalisiert ist, nimmt die Macht der Meinungen und Kritiken ab. Die Resilienz ist gestärkt, die Kraft der Zuversicht wirkt und die Gewissheit, mit Schwierigkeiten gut fertig zu werden, ist wie eine nicht versiegende Quelle der Stärke. Die selbstachtsame Art und Weise kann mit den folgenden Fragen herauskristallisiert werden:

- Wie ist dies für mich?
- Stimmt das so für mich?
- Brauche ich das oder habe ich es nicht nötig?
- Was wäre anders, besser, stimmiger für mich, wenn ich dies integrieren würde?
- Welche Vor- und Nachteile hätte ich?

AUSWIRKUNGEN AUF DIE GEMEINSCHAFT

Die echte Gemeinschaft kann nur auf der Persönlichkeit und ihrer Pflege errichtet werden.

Wilhelm Michel

Das Glück ist göttliche Gemeinschaft, die Kraft dazu, der Mut, der Seele Klang.

Gisela von Arnim

Wo aber keine Gemeinschaft ist, da kann auch keine Freundschaft sein.

Platon

Im vorherigen Kapitel konnte skizziert werden, welches Potenzial ein selbstachtsamerer Umgang mit uns selbst für uns hat und welche Veränderungen dadurch möglich sind. Nun geht es darum, die Auswirkungen auf die Gemeinschaft[22] in den Blick zu nehmen.

Da der Mensch ein soziales Wesen ist und sich permanent im Austausch mit seiner nahen und fernen Mitwelt befindet, wirkt sich eine stärkere Selbstachtung auch auf die anderen Menschen aus. Um zu verstehen, wie sich diese auswirken kann, ist es wichtig, einige grundlegende Aspekte der Kommunikation

---

[22] Gemeinschaft wird hier als «die mir vertraute Mitwelt» verstanden.

und der damit verbundenen Beziehungsgestaltung zwischen den Menschen zu betrachten.

Die zwischenmenschliche Kommunikation[23] ist letztlich nichts anderes als Ichfindung und Beziehungsgestaltung. Was heisst das? Jedes Mal, wenn Person A mit Person B spricht, überlegt sich Person A, was sie wie sagen möchte. Vermutlich sagt sie es B anders, als sie es einer anderen Person C sagen würde. Die Frage ist dann, ob A zu dem stehen kann, was sie B mitteilt. Dies ist mit «Ichfindung» gemeint. Die Beziehungsgestaltung resultiert aus der Tatsache, dass mit der Kommunikation immer auch der Aspekt des «Zu-dir-Stehens» mitschwingt. Die Veränderung der Beziehung und der damit verbundene Prozess der Beziehungsgestaltung ist kommunikationsimmanent, also untrennbar damit verbunden. A wird sich also überlegen, wie sie zu B steht. Dabei fragt A sich, ob sie sich klar darüber ist, was sie mitteilen möchte. Nachdem A gesprochen hat, hört B As Worte und deutet diese. B wird dann auf die gedeuteten Worte antworten. Erst in diesem Moment kann A wissen, ob Bs verstandene Nachricht auch ihrer gesendeten Nachricht entspricht. Die Konversation kann fortgesetzt werden, es sei denn, A oder B glauben, dass etwas missverstanden wurde. Dann können sie eingreifen und das Missverständnis klären, bis sie wieder auf demselben Stand sind. Mit diesen Interaktionen gestalten sie ihre Beziehung.[24]

---

[23] Für Interessierte sei auf das «Vier-Seiten-Modell» von Friedemann Schulz von Thun hingewiesen.
[24] Es ist klar, dass hier auch die nonverbale Kommunikation hineinspielt. Dies ist aber in diesem Zusammenhang von geringerer Bedeutung.

Nach geraumer Zeit haben die beiden eine gegenseitige Einschätzung ihrer Beziehung, ob diese beispielsweise kollegial, freundschaftlich oder vertraut ist.

Was passiert nun, wenn A in sich investiert und selbstachtsamer durchs Leben gehen möchte? A hat sich verändert, ihr empfundenes Minus korrigiert. Sie ist entschlossen, dies zu leben. A hat die Möglichkeit, dies der Mitwelt mitzuteilen oder es beim bisherigen Status zu belassen. A entscheidet sich nun für die erste Option und will dann schauen, ob und wie ihr Umfeld reagiert. Sie wird die Erfahrung machen, dass die Reaktionen sehr unterschiedlich sein können: vom tiefsten Verständnis und Respekt für diese Veränderung bis zu Unverständnis und einer möglichen Beendigung der Beziehung. As Veränderung ist absichtslos erfolgt. Wie können nun die verschiedenen, hauptsächlichsten Reaktionsweisen ausfallen? Die verschiedenen Kategorien können wie folgt bezeichnet werden: «die Irritierten», «die Verständnisvollen», und «die Beziehungsreduzierenden». Natürlich kann es vorkommen, dass Beziehungen auch beendet werden oder auslaufen, da sie für die eine Person oder für beide nicht mehr als erhaltenswert angesehen werden. Selbstachtsam ist in diesem Falle, dies zu thematisieren und eine bewusste gemeinsame Entscheidung zu treffen, auch wenn die Haltungen divergieren. Klar ist auch, dass, wenn die Beziehung beendet wird, ausgesprochene oder auch unausgesprochene Bedingungen an die Beziehung geknüpft wurden. Diese zu thematisieren, kann helfen, die Qualität der Beendigung zu verbessern und auf einer respektvollen Ebene getrennte Wege zu gehen.

Die Irritierten

Sobald sich A selbstachtsamer verhält, wird ihr Gegenüber eine Veränderung feststellen und erstmals irritiert sein. Die Person B wird sich fragen, was denn nun anders ist, oder weshalb jetzt ein klares Ja oder ein Nein geäussert wurde, während sie das Gegenteilige erwartete. Im Zuge der Kommunikation wird B dies immer wieder feststellen. Die Fragen, die sich aufgrund der Irritation gestellt haben, beginnen sich zu konkretisieren, da die Veränderung öfter als beängstigend wahrgenommen wird. B wird sich bald einmal die Frage stellen, ob sie ihre Irritation gegenüber A thematisieren will, oder nicht. Falls B ihre Empfindungen nicht thematisiert und mit der Veränderung leben kann, wird B die notwendige Anpassungsleistung erbringen und sich möglicherweise selbst fragen, ob sie die wahrgenommene Veränderung in ihrem Leben einfliessen lassen könnte. Die Antwort kann unterschiedlich ausfallen: Entweder motiviert sie die Veränderung, es endlich auch anzupacken, oder sie entscheidet sich, es zu lassen.

Falls sie sich entscheidet, As Veränderung anzusprechen, wird sie mit A in einen Dialog treten. A wird die Möglichkeit haben, ihre selbstachtsamere Lebensweise und die Gründe dafür mitzuteilen. Wenn B diese nachvollziehen kann und sieht, dass A sich für die Veränderung und nicht gegen sie entschieden hat, wird B dies verstehen und A bei dieser Veränderung unterstützen. B wechselt somit von den «Irritierten» zu den «Verständnisvollen» (siehe unten). «Das echte Gespräch, und so jede aktuale Erfüllung der Beziehung zwischen Menschen, bedeutet Akzeptation der Anderheit» (Buber, in Lattmann, 2018, S. 52).

Wenn B die Veränderung nicht anspricht und die Anpassungsleistung nicht erbringen möchte, wird B sich mit grosser Wahrscheinlichkeit in Richtung der «Beziehungsreduzierenden» (siehe unten) entwickeln. Nach einer gewissen Zeit wird sich die Beziehung auf einer neuen Ebene etabliert haben. Wenn dies für beide so stimmt, ist nichts dagegen einzuwenden. Wenn es für A oder B nicht mehr stimmt, muss entweder A oder B das Unbehagen thematisieren. Sie können dann die Beziehung beenden, sie auf dem erreichten Niveau weiterführen oder sie durch ein neues, gegenseitiges Verständnis auf eine qualitativ höhere Ebene bringen. Diese Qualität wird dann höchstwahrscheinlich besser sein als diejenige vor As Veränderung zu mehr Selbstachtsamkeit. Der Grund dafür ist, dass sie gemeinsam eine Irritation lösen und ihre Beziehung zueinander dadurch stärken konnten. Die Beziehungsresilienz hat sich verbessert! Allein diese Überlegungen zeigen auf, dass die Beziehungspflege eine Aufgabe ist und Beziehungen nie als gegeben angesehen werden können. Dies ist vor allem in langjährigen Partnerschaften ein grundsätzlicher Stolperstein. Die Dauer verleitet dazu, die Beziehung als etwas Gegebenes, permanent Existierendes anzusehen, nicht aber als eine Aufgabe, diese Beziehung fortwährend empathisch und wertschätzend weiterzuentwickeln. Die Konsequenzen dieser beiden Beziehungshaltungen unterscheiden sich fundamental.[25] Während durch die eine mehr Distanz und auch eine Art fortwährende Entfremdung entsteht, bewahrt die andere die nötige gegenseitige Aufmerksamkeit und Zuwendung.

---

[25] Welche Haltung haben Sie? Die Frage versteht sich als Einladung, darüber nachzudenken.

Beziehungen sind eine der grössten Lernquellen für den Menschen. Er kann darin lernen zu wachsen, zu lieben und erfahren, was es heisst, geliebt zu werden.

Die Verständnisvollen

Wie es der Name sagt, reagiert diese Gruppe mit Verständnis auf die Veränderung. Verständnis beinhaltet «verstehen» und (mindestens teilweise) «einverstanden sein». A wird durch diese Menschen in ihren Bestrebungen unterstützt, geachtet und die veränderten, selbstachtsameren Verhaltensweisen werden akzeptiert. Die Entwicklung von A steht im Zentrum der Beziehung. Dass diese Entwicklungsunterstützung auf Reziprozität (Gegenseitigkeit) beruht, versteht sich in der Beziehung von selbst.[26] Auf A wirkt die Akzeptanz der Veränderung selbstverstärkend. A wird fühlen, dass sie auf dem richtigen Weg ist. Sie wird in diese Beziehung auch wieder mehr investieren. Dies wiederum wirkt sich beziehungsstärkend für B aus. Die Entwicklungsspirale der Beziehung bewegt sich in eine mitunter auch persönlichkeitsentwickelnde Richtung. B wird sich aufgrund der sehr tragenden Beziehung zu A ebenfalls die Frage nach einer Veränderung stellen, da ihr die Erfahrungen, die A gemacht hat, als sehr erstrebenswert erscheinen. Auch diese Veränderung von B in Richtung mehr Selbstachtsamkeit wird sich unter gleichbleibenden Voraussetzungen befruchtend für die Beziehung zu A auswirken. Dies gilt auch für alle anderen verständnisvollen Beziehungen von B.

---

[26] B kann und darf davon ausgehen, dass eine Veränderung ihrerseits bei A ebenfalls auf Verständnis und Akzeptanz stösst.

Bezogen auf die Gesellschaft werden die Verständnisvollen eine selbstachtsame Strömung nach ihrem Gutdünken nachvollziehen und in ihrem sozialen Umfeld leben – ohne Zwang oder den Drang, andere davon überzeugen zu wollen, sondern weil es sowohl individuell wie auch kollektiv mehr Lebensqualität bringt.

Die Beziehungsreduzierenden

Bei diesen Menschen führt die höhere Selbstachtsamkeit von A nach einer ersten Irritation zu einer Reduktion der Beziehungsintensität. Sie nehmen sich zurück, verstehen die Veränderung nicht und mutmassen im Stillen über die möglichen Gründe. Auf jeden Fall hat sich die Beziehung für sie so verändert, dass sie sich entscheiden, sie zuerst einmal etwas ruhen zu lassen. Sobald sich die Irritation gelegt hat, werden sie sich wieder bei A melden. Sie haben die Möglichkeit, ihre Irritation entweder zu thematisieren – das wäre selbstachtsam – oder so zu tun, als sei nichts gewesen. Das wäre selbstmissachtend. A wird im letzteren Fall nicht merken, was in der Zwischenzeit passiert ist. Sie wird höchstens registrieren, dass seit der letzten Kontaktaufnahme eine lange Zeit verstrichen ist. Wenn dies für A erwähnenswert ist, wird sie dies thematisieren. Falls die Irritation erwähnt wird, kann A darauf eingehen. Erfolgt jedoch eine Ausrede («Wir hatten keine Zeit!»), hat A keine Chance zu reagieren und die Irritation existiert bei B weiter. Falls diese im weiteren Verlauf der reduzierten Beziehung weiterhin Nahrung erhält, könnte B die Geduld verlieren. Falls A in diesen Situationen den Eindruck gewinnt, dass mit B irgendetwas nicht stimmt, sei dies durch Mimik, Gestik, Tonfall, ausserordentliche oder auch konfrontierende Wortwahl, kann A reagieren und dies ansprechen. Indem die Person A die Person

B anspricht, eröffnet sich die Möglichkeit, die Irritation zu klären, Vermutungen auszuräumen und mögliche Missverständnisse zu lösen.

Auch anhand dieses Beispiels wird klar ersichtlich, dass eine klare und offene Kommunikation viel bringt: A und B können zu sich selbst stehen. Sie bringen den Mut auf, Irritationen anzusprechen. Auf diese Weise schieben sie dem Eskalationspotenzial von Anfang an den Riegel vor. Wir machen uns das Leben einfacher, wenn wir unsere Wahrnehmung, deren Deutung und das dadurch aufkommende Gefühl beim Gegenüber auf seine Stimmigkeit verifizieren. Am besten entscheiden wir uns erst dann, wie wir uns weiter verhalten. Der Umgang untereinander erfährt dadurch mehr Authentizität, und alle Beteiligten wissen, woran sie sind. Vorurteile gegenüber anderen, die der eigenen Komplexitätsreduktion dienen, bleiben aus. Es entsteht eine tiefere Beziehung, die in sich keines Vergleiches und keiner Wertung mehr bedarf. Was angesprochen wird, wird aus der Sicht des oder der Sprechenden genau so empfunden.

Wenn eine Gemeinschaft auf Reziprozität beruht, wird sie sich durch die erhöhte Selbstachtung weiterentwickeln. Es kann ein Klima der Vertrautheit entstehen, in dem Vertrauen die bestmögliche Handlungsoption ist. Mitglieder dieser Gemeinschaft verhalten sich authentisch zueinander. Dabei steht das menschliche Zusammensein, nicht aber die eigene Bedeutung im Vordergrund. Der Egoismus, der sich gegen andere richtet – hier besteht ein wichtiger Unterschied zur Selbstachtung –, hat keinen Platz, da die Überzeugung gereift ist, dass alle Menschen im gleichen Boot sitzen. Es geht nicht um Leistung, sondern um die eigene Entwicklung und diejenige der Gemeinschaft. Dies führt zu einem Verhalten, das die Nähe der anderen wahrnimmt und von Respekt und Rücksicht geprägt ist. Ein Gefühl der gegenseitigen Zuwendung entsteht, und eine sehr wichtige Tugend kommt ins Spiel, die heutzutage nicht mehr oft zum Tragen kommt: die Geduld. Geduld wird hier nicht als Passivität verstanden, sondern als ein aus einer Einsicht entstandener Handlungsverzicht. Genau dieser bewusste Handlungsverzicht zeichnet den geduldigen Menschen aus. So kann er zuhören und sich seinem Gegenüber zuwenden. Diese abwartende, tastende Haltung ist das Gegenteil der Erwartungshaltung, die mit der Ungeduld einhergeht. Gegenseitig werden zwei Kommunizierende nicht auf eine bestimmte Erwartung reduziert, sondern sie werden sich in einer Offenheit und gegenseitiger Akzeptanz begegnen. Die Geduld ist die Grundlage zur gewaltfreien Kommunikation, da sie den anderen zur Sprache kommen lässt, ohne bereits ein Gegenargument im Hinterkopf zu haben, das ein Zuhören und auch ein Verstehen verunmöglicht. Wer jetzt den Eindruck hat, dass Geduld bedeutet, «alles hinzunehmen», und dies einer Art Gleichgültigkeit gleichkommt, liegt falsch. Denn die Gleichgültigkeit lässt es nicht zu, die Nähe des anderen wahrzunehmen und Anteil zu haben. Sie ist nicht Bestandteil der Geduld. Das heutige Leben in der Logik des Zeitgewinns würde durch ein «Sich-Zeit-Nehmen» abgelöst. Zeit würde als eine Investition verstanden, die das Verstehen des Gegenübers und seine Gemeinschaft nach sich zöge. Letztlich würde sie auch einen besseren Kontakt mit sich selbst bewirken.

ÜBER DAS DU ZU MIR SELBST

Das Verstehen ist ein Wiederfinden des Ich im Du.

Wilhelm Dilthey

Dass du mich liebst, macht mich mir wert!

Friedrich Rückert

Die Gleichgültigkeit gegenüber dem anderen ist der Anfang allen Übels.

Erika Weinzierl

Wie im Kapitel «Einführende Gedanken» bereits ausgeführt wurde, bildet sich ein wesentlicher Teil der Persönlichkeit im Austausch mit den primären Bezugspersonen. Ohne sich mit einem Gegenüber auszutauschen, könnte sich niemand zu sich selbst entwickeln: Der Mensch entwirft und definiert sich in beträchtlicher Weise über das Du. Bei der Entwicklung einer höheren Selbstachtung spielen Beziehungen zu anderen Menschen also eine wichtige Rolle.

Dennoch darf die achtsame Beziehungsgestaltung zu sich selbst nicht ausser Acht gelassen werden. Wenn der Mensch sich jedoch über seine Beziehungen zu anderen definiert, drängt sich die Frage auf, wie weit er überhaupt eine Beziehung zu sich selbst gestalten kann, wenn er kein Gegenüber hat, das mit ihm interagiert. In dieser Situation, im innersten Kern der Selbstachtsamkeitsentwicklung ist er auf sich selbst gestellt. Der innere Dialog findet ohne eine äussere Instanz statt. Natürlich können wir während der Reflexion über vieles sehr intensiv nachdenken. Wir können uns auch mit einer Fachperson austauschen, aber die innerpsychische Erkenntnisgewissheitssteigerung, die bewusste Internalisierung des individuellen Lernfortschrittes geschieht in der Auseinandersetzung mit sich als dritter Person. Dies ist ein schöpferischer Prozess.

Wir haben keine Spiegelneuronen für uns selbst, die automatisch aktiv werden, wenn wir an uns denken. Was hingegen jeder Mensch in sich trägt, ist eine eigene Repräsentanz, ein Bild von sich, wie er zu sein glaubt. Er hat aber auch Repräsentanten anderer Personen in sich: Der Mensch macht sich ein eigenes Bild von anderen Menschen. Dieses Bild zeigt keine objektive Realität, sondern die Vorstellung, wie diese andere Person ist. Menschen können also zwischen sich und anderen unterscheiden. Diese Fähigkeit erwerben wir etwa ab dem zweiten Lebensjahr. Die Bilder von sich und den anderen befinden sich im Gehirn an der gleichen Stelle, im unteren Teil des Stirnhirns. Gemäss Bauer ist «das Problem, wie das Gehirn zwischen Selbst und Nichtselbst unterscheidet, noch nicht vollständig gelöst» (2006, S. 90). Dass das Gehirn die beiden Aspekte in verschiedenen Hirnhälften unterbringt, ist jedoch unbestritten. Will das eigene Selbst planen oder handeln, so findet dieser Prozess in der linken Hirnhälfte statt. Die Vorstellungen über andere werden in der rechten Hirnhälfte verarbeitet.

Auf dem Weg zu mehr Selbstachtung benötigt der Mensch einen inneren Beobachter, der das Selbst in den Blick nimmt. Dieser Beobachter stellt fest und beurteilt, auf welchem Stand sich die Selbstachtung befindet. Wenn er nun eine Differenz zwischen der gewünschten und der bestehenden Selbstachtung feststellt, muss dieser Unterschied korrigiert werden. Im Gegensatz zum inneren Kritiker agiert der innere Beobachter wohlwollend und fürsorglich – wie Eltern, die ihr Kind liebevoll in den Arm nehmen. Diese fundamentale Veränderung der eigenen inneren Haltung sich selbst gegenüber ist ein Prozess. Dieser bildet die Basis, die zu mehr Selbstachtung führt. Daraus erwächst eine gestärkte Abwehrhaltung gegenüber selbstschädigenden Verhaltensweisen und eigenen selbstüberfordernden Leistungsansprüchen. Am besten lässt sich dies erreichen, indem soziale Energie getankt wird. Die soziale Energie beinhaltet Wertschätzung, Freundschaft und Liebe, die durch andere Menschen gegeben wird. Aber wie kann der Mensch sich selbst helfen, gerade wenn die Unterstützung von aussen temporär ausbleibt? Welche Konstrukte kann er sich selbst aufbauen, um Abhilfe zu schaffen?

Der erste Schritt ist sicher, sich **ein Bewusstsein zu schaffen, um sich des unachtsamen Umgangs mit sich selbst bewusst zu werden.** Dies kann durch Eigenbeobachtungen oder durch Feedbacks nahestehender Personen erfolgen. Bei der Eigenbeobachtung ist es wichtig, eine registrierende Haltung einzunehmen. Diese hilft dabei, einen guten Abstand sowohl zu seinem inneren als auch äusseren Erleben zu halten. Die nützliche Einstellung, die sich hinter dieser Haltung verbirgt, lässt sich so formulieren: «Wie interessant und spannend, was da in mir (oder ausserhalb von mir) so vor sich geht!»

Im zweiten Schritt kann die Frage helfen, **ob ich mich weiterhin so behandeln möchte oder ob eine Änderung ansteht.** Die Beantwortung dieser Frage kann mit einer ehrlichen Auflistung von Vor- und Nachteilen der bestehenden und der neuen Umgangsweise beantwortet werden.

Der dritte Schritt besteht darin, **sich ein imaginäres Gegenüber vorzustellen,** dem eine Vorbildfunktion in puncto Selbstachtung zugeschrieben wird. Wie würde sich dieses Gegenüber wohl verhalten, wenn es in derselben Situation wäre? Was würde es anders machen als ich selbst? Was kann ich von ihm lernen, abschauen oder imitieren? Bei diesen Fragen ist es hilfreich, sich Bilder oder Filmszenen vorzustellen.

Der vierte und letzte Schritt ist, **das neue Verhalten im Alltag zu erproben und damit Erfahrungen zu sammeln.** Diese neuen Erfahrungen müssen hinterfragt werden: Will ich sie beibehalten oder soll ich das Verhalten noch besser anpassen? Die guten Erfahrungen dürfen wir dankbar annehmen. Was nicht passt, muss neu justiert werden. Bevor wichtige Dinge geändert werden sollen, sollten wir zuerst verstehen, wie diese Dinge heute gelebt werden. Dabei reicht es nicht aus, diese «nur» mit dem Verstand zu erfassen, sondern sie müssen vor allem auch emotional durchdrungen werden. Es gilt also, in sich hineinzuhorchen, die Gefühle auch am eigenen Körper wahrzunehmen.

Wenn beispielsweise der Umgang mit Kritik verändert werden soll, ist das bisherige Gefühl des «Sich-klein-und-ohnmächtig-Fühlens» zu erspüren, wie und wo es sich im Körper bemerkbar macht. Dieses Gefühl liebevoll anzunehmen, ist der Weg, denn jeder Mensch ist und war der eigene Schöpfer seiner Gefühle. Ein solches Gefühl wie gewohnt abzulehnen oder nicht wahrhaben zu wollen, würde es nur verstärken. Wie dieses Beispiel zeigt, geht es in erster Linie oft nicht darum, uns selbst zu verändern, sondern mit unserem selbstverurteilenden, bisherigen Denken aufzuhören.

Diese vier Schritte weisen darauf hin, dass der stimmigen und passenden Selbstachtsamkeit ein Lernprozess vorausgeht, der letztendlich erst mit dem Tod enden wird. Selbstachtsamkeit ist nicht angeboren; sie muss erlernt werden. Sie führt den Menschen zu mehr Verständnis, Unabhängigkeit und Selbstzufriedenheit. Um dieses Ziel zu erreichen, muss man sich mit sich selbst auseinandersetzen. Auf diese Weise wird man unabhängiger vom Urteil anderer Menschen und erlangt eine höhere Lebensqualität. Selbstachtung wird zur laufenden Investition in sich selbst. Dieses Beispiel inspiriert vielleicht auch andere Menschen, da sie ein Vorbild erhalten: Sie könnten zu dem Schluss kommen, dass sich diese Investition auch für sie lohnen könnte. Die Entscheidung liegt bei jedem einzelnen Menschen – wie auch immer sie ausfällt, ist sie doch zu respektieren und bedingungslos zu akzeptieren.

Nach dem Gesetz der «unsichtbaren Hand» würde eine solche Entwicklung gesellschaftlich einiges bewirken. Wenn alle Menschen sich für ein Leben mit mehr Selbstachtung entscheiden würden, würden sich diese individuellen Entscheidungen positiv auf die Gesellschaft auswirken, denn «in der Natur wächst alles von innen nach aussen» (unbekannte Urheberschaft). Auch der Mensch ist ein Teil der Natur. Es stellt sich die Frage, auf welche Weise sich die Gesellschaft verändern könnte, wenn viele Individuen ihr Leben bewusst und selbstachtsam führen würden. Den Menschen würde bewusst, dass es für die Aktivierung ihres Motivationssystems nicht Süchte wie ständigen Konsum, ungesunden Umgang mit dem Smartphone oder übermässigen Genuss von Alkohol und Nikotin braucht, sondern sie würden ihr Motivationssystem auf eine gesunde Art aktivieren: durch den Erhalt von Freundschaft, Liebe und Wertschätzung anderer Menschen – eben durch die wesentlichen Dinge. Die daraus resultierende soziale Verbundenheit lässt einen anderen, grenzüberschreitenden Blick auf den Menschen zu. Sie macht den Menschen zu einem Wesen, das mit anderen verbunden ist. In dieser Hinsicht kann im Zusammenhang mit der sozialen Verbundenheit durchaus von einem «Triebziel» gesprochen werden, da «für psychisch durchschnittlich gesunde, also nicht psychopathisch gestörte Menschen gilt: Einem anderen Menschen, von dem man nicht provoziert wurde, Schmerz oder Gewalt zuzufügen, ist ‹aus Sicht des Motivationssystems› kein lohnendes Unterfangen. Die Gefahr, die vonseiten menschlicher Aggression tatsächlich droht, ist nicht der Aggressionstrieb, weil es ihn nicht gibt. Die tatsächlichen Nährböden für Aggression sind Ausgrenzung, Demütigung und die – mit Ausgrenzungserfahrungen verbundene – Ungleichverteilung der Güter dieser Welt» (Bauer, 2016, S. 49 - 50).[27]

Allein aus diesen Worten Bauers darf geschlossen werden, dass – wie bereits im Kapitel «Einführende Gedanken» erwähnt – der Mensch seine Existenz und sein Glück eher aus einer sozialen Logik als aus einer feindlichen Haltung begreifen sollte.

---

[27] Posth hingegen sieht die Aggression auch in seiner evolutionären Umwandlungsform (von der Regulation im Tierreich zur Selbstbehauptung im sozialen, menschlichen Umgang) als Trieb, da «… alle für den Trieb geforderten Eigenschaften zutreffen» (Posth, 2009, S. 280).

Der letztlich zählende Erfolg im Leben führt über gelungene Beziehungen zu anderen Menschen. Dies beinhaltet eine gelungene Beziehung zu sich selbst. Der Bibelsatz «Du sollst deinen Nächsten lieben wie dich selbst» (Matthäus 22:37–39) beinhaltet diese Aspekte in kürzester Form.[28] Es geht um Liebe zu anderen und in gleichem Masse zu sich selbst. Sich beides zu gönnen, ist nicht Luxus, sondern existenziell, sei dies als Säugling, Kleinkind oder als erwachsener Mensch. Dies gilt auch für Freundschaften. Jeder Mensch hat im Normalfall zahlreiche Freunde und Freundinnen. Er hat die Fähigkeiten dazu, diese Bindungen so zu unterhalten, dass sie eine gewisse Zeit dauern. Diese wie selbstverständlich und unhinterfragt wahrgenommenen Fähigkeiten könnten ja auch eingesetzt werden, um die Selbstachtung zu stützen. Ein guter Freund, eine gute Freundin zu sein, sich die Behandlung zu vergegenwärtigen, die man auch anderen wie selbstverständlich angedeihen lässt, kann für sich selbst auch angewendet werden, und zwar bedingungslos! «Weshalb kann ich Fähigkeiten, die ich für andere einsetze, nicht auch für mich anwenden?» – so lautet die Fragestellung an sich selbst. «Kann, will oder darf ich es nicht?», wäre die Folgefrage. Warum sollte man als Erwachsener oder Erwachsene zu sich selbst nicht freundlich sein, wenn man doch nur die eigene Erlaubnis benötigt? Wenn man nicht freundlich zu sich selbst sein kann, braucht man Hilfe. Die Entscheidung, nicht freundlich zu sich zu sein, kommt der Selbstmissachtung gleich.

---

[28] Ebenso der daraus sinngemäss abgeleitete Satz: «Achte deinen Nächsten wie dich selbst.»

Das biblische Gebot der Nächsten- und der Eigenliebe impliziert Folgendes: Nur wer sich selbst liebt, hält sich auch für liebenswert. Wenn eine Person sich selbst nicht liebt, kann sie nur schwer glauben, dass eine andere Person sie liebt. Wie sollte sie die Liebe einer anderen Person annehmen können, wenn sie sich der Liebe nicht für würdig hält? Selbst wenn sie sich sagen würde, dass sie wundervoll ist, bleibt dennoch ein mangelhaftes, inneres Selbstbild, das sich negativ auf die Liebesbeziehungen auswirkt und diese untergräbt. Diese Person wird selbst zur Saboteurin der Liebe, auch wenn dies nicht absichtlich geschieht. Sie stellt fest, dass die Realität nicht mit der inneren Wahrheit übereinstimmt. Die Tragik ist nun oft, dass sich viele Menschen angesichts der Frage «Will ich recht haben oder die Chance wahrnehmen, glücklich zu werden?» für die erste Möglichkeit entscheiden. Damit tritt die selbsterfüllende Prophezeiung ein – anders gesagt: «Die Anleitung zum Unglücklichsein»[29] wurde (leider) befolgt. Die Beziehung geht in die Brüche. Grundsätzlich fehlt die innere Sicherheit, sich liebenswert zu fühlen. Die Glut der Liebe zu sich selbst ist durch destruktive Gedanken verschüttet.

Es empfiehlt sich, mit diesen inneren Gedanken in einen Dialog zu treten, sie zu widerlegen und ihnen aufzuzeigen, welchen Unsinn sie behaupten. Dies erfolgt dadurch, dass die destruktive Stimme dieser Gedanken klar von der selbstachtsamen und selbstfürsorgenden Stimme unterschieden wird.

---

[29] Hier sei auf den Klassiker mit demselben Titel von Paul Watzlawick (österreichischer Philosoph, Psychotherapeut und Kommunikationswissenschaftler) verwiesen.

Selbstachtsam ist in diesem Moment, bewusst die Entscheidung zu treffen, um sich von diesen selbstlimitierenden Urteilen über sich selbst zu befreien.

Ein **erster Schritt** dazu ist, für sich aufzulisten, welche selbstverachtenden Urteile sich aufgestaut haben. In einem **zweiten Schritt** sollten wir diese Urteile zurücknehmen und uns selbst vergeben, was wir uns in all der Zeit im Denken wie im Handeln angetan haben. Wir müssen für uns selbst die Gewissheit entwickeln, dass wir alles so getan und gedacht haben, wie es uns zu diesem Zeitpunkt möglich war. Das hilft auch bei Rückfällen in alte Denkmuster. Die Selbstvergebung ist ein dauernder, selbstachtsamer Prozess. Er hat im Wesentlichen damit zu tun, den Bereich unserer Verantwortung zu definieren. Die Verantwortung können wir nur in jenem Bereich übernehmen, in dem wir sie nach menschlichem Ermessen auch übernehmen können. Für Dinge, die wir nicht beeinflussen können, können wir auch keine Verantwortung übernehmen. Die Versuchung, sich solche Aufgaben oder Dinge aufzubürden, ist für jene Menschen gross, die sich in irgendeiner Form schuldig fühlen. Es gilt also, diese Aspekte voneinander zu unterscheiden und somit eine Distanz zu schaffen. Der **dritte Schritt** ist, sich selbst – mit allem, was dazu gehört – anzunehmen.

Die aufgezeigten Schritte führen dazu, sich über eine selbstachtsamere Lebensweise die eigene Lebenswirklichkeit zu erschaffen. Diese Lebenswirklichkeit soll durch mehr Bewusstheit, mehr Milde, mehr Verständnis und Annahme geprägt sein. Härte und Ablehnung haben in dieser Wirklichkeit keinen Platz. Es geht darum, uns selbst das zu schenken, was wir von anderen erwarten.

Dies erreichen wir, indem wir uns selbst so behandeln, wie wir von anderen behandelt werden wollen.[30]

Diese Schritte passieren alle im Inneren. Um diese zu realisieren, dürfen wir auch grundsätzlich davon ausgehen, dass alles vorhanden ist: Veränderungen, selbstachtsame Gedanken und Handlungen sind im Menschen angelegt. Zum Teil sind sie sofort greifbar, zum Teil dürfen sie noch entdeckt werden. Sowohl die Vernunft wie auch die Gefühle helfen dabei, wenn sie in selbstachtsamer Wirkweise angewendet werden. Es gilt, die Deutung der wahrgenommenen Reize auf ihre Selbstachtsamkeit zu überprüfen. Falls sie selbstachtsam sind, können sie beibehalten werden, falls nicht, sind sie loszulassen.

Dazu ein Beispiel: Nachdem ein Mitarbeiter seine Präsentation vorgestellt hat, erhält er von seiner Vorgesetzten das Feedback, dass es verständlicher gewesen wäre, wenn das dritte Argument als erstes erwähnt worden wäre. Der Mitarbeiter überlegt anschliessend für sich, wie er dies zu verstehen habe. Wenn er versteht «ich habe nicht genügt» und damit seine bekannten «Gefühle des Nichtgenügens» verstärkt, muss er diese nicht selbstachtsame Deutungsweise loslassen: Sie dient nur dazu, den eigenen Wert tief zu halten. Wenn er versteht «mit dieser Änderung kann ich das Verständnis meiner Argumentation verbessern und somit andere besser erreichen», ermutigt er sich selbst. Kann er dies umsetzen, wird durch das konstruktiv empfundene Feedback soziale Energie freigesetzt. Diese Energie setzt den Impuls, weiter daran zu arbeiten.

---

[30] Wer Liebe erwartet und geschenkt bekommen möchte, sollte zuallererst beginnen, Liebe zu schenken.

Anhand dieses Beispiels kann gut nachvollzogen werden, wie der Empfänger der Nachricht der Schöpfer seiner Lebenswirklichkeit ist. Sein Bewusstsein für eine selbstachtsamere Lebensweise kann ihm helfen, die ätzende Kritik vom wohlwollenden Feedback zu unterscheiden. Er hat sich die Möglichkeit gegeben, die bekannte Deutung solcher Rückmeldungen zu ändern. Er hat an Offenheit gewonnen und seine negative Fixierung aufgegeben. Irgendwie mutet dies schon etwas ver-rückt an, bei der gleichen Aussage zu zwei komplett unterschiedlichen Schlüssen zu kommen.[31] Je nachdem wie der Mitarbeiter die Botschaft dekodiert, unterstützt er sein psychisches Wohlbefinden und seinen Selbstwert – oder eben nicht.

Wie oben erwähnt, vollzieht sich diese Veränderung im Inneren. Die Auswirkungen zeigen sich jedoch auch aussen. Was wären die möglichen Folgen dieser beiden unterschiedlichen Deutungen? Im ersten Fall sähe sich der Mitarbeiter in seinen Minderwertigkeitsgefühlen bestätigt und fühlte sich verletzt. Er würde im besten Fall zu seiner Vorgesetzten gehen und die Verletzung ansprechen, worauf die Vorgesetzte die Möglichkeit hätte, das Missverständnis zu klären und ihm ihr Feedback sachlich zu erklären. Im schlimmsten Fall würde der Mitarbeiter nichts sagen und versuchen, es seiner Vorgesetzten bei nächster Gelegenheit möglichst verdeckt heimzuzahlen oder schlecht über sie zu reden. Damit bliebe er mit seinem Handeln auf der unnützen Seite. Im zweiten Fall könnte der Mitarbeiter den Input seiner Vorgesetzten wertschätzen und die Präsentation anpassen. Seine Motivation dürfte steigen und

---

[31] Für Interessierte sei hier auf das «Vier-Ohren-Modell» von Friedemann Schulz von Thun hingewiesen.

seine Leidenschaft sein Umfeld anstecken. Seine Vorgesetzte würde dies bemerken und ihn in dieser Hinsicht weiterhin fördern. Die Beziehung zwischen den beiden würde gestärkt. Auch die Beziehung des Mitarbeitenden zu sich selbst dürfte sich nach einiger Zeit verbessern. Er würde wohl den Unterschied zu früher bemerken, als er nur die Möglichkeit hatte, die Aussage selbstmissachtend zu deuten und somit zu werten. Er könnte nun realisieren, wie sich die zweite Sichtweise auf sein Wohlbefinden auswirkt. Der Grundstein, auf selbstachtsamere und selbstwirksamere Art und Weise mit sich umzugehen und somit mehr Lebensqualität zu erreichen, ist gelegt. Darauf lässt sich aufbauen, auch wenn der Weg lang sein kann. Die Überzeugung überwiegt, dass sich dieser Weg lohnt!

SELBSTACHTSAMKEIT UND DAS INNERE KIND

Wenn man auch noch so alt wird, so fühlt man doch im Innern sich ganz und gar als denselben, der man war, als man jung, ja, als man noch ein Kind war. Dieses, was unverändert stets ganz dasselbe bleibt und nicht mitaltert, ist eben der Kern unseres Wesens, welcher nicht in der Zeit liegt.

Arthur Schopenhauer

Wer glaubt, etwas zu sein, hat aufgehört, etwas zu werden.

Sokrates zugeschrieben

Das Wesen wahrer Liebe lässt sich immer wieder mit der Kindheit vergleichen: Beide haben die Unüberlegtheit, die Unvorsichtigkeit, die Ausgelassenheit, das Lachen und das Weinen gemeinsam.

Honoré de Balzac

Im Erwachsenenalter hat der Mensch die Möglichkeit, auf seine Kindheit zurückzuschauen. Er erinnert sich an die verschiedensten Dinge. Wenn er Fotos oder Videos seiner Kinderzeit ansieht, kommen oft weitere Erinnerungen hoch, die nicht mehr bewusst waren. Freud und Leid wird nicht nur gedanklich, sondern auch emotional wiedererlebt. Da sind beispielsweise die Spiele mit Nachbarskindern, das Zusammensein mit einem guten Freund oder die Beziehung zu einer Lieblingspuppe zu nennen. Es gibt aber auch andere Erinnerungen: wenn sich das Kind gekränkt oder ungerecht behandelt fühlte oder ungünstige Familienkonstellationen (z. B.

Alkoholsucht eines Elternteils, Missbrauch) die Kindheit eines Menschen schlicht verdarben. In Familien, in denen das Motto lautet, nicht über Gefühle zu sprechen, bedeutet dies für das Kind oftmals, in seinem Erleben nicht wahrgenommen zu werden. Bei einer allfälligen Gefühlsäusserung wird das Kind nicht unterstützt, vielleicht sogar dafür getadelt. Als Erwachsene oder Erwachsener wird diese Person Probleme mit ihrer Selbstachtung haben und ein verletztes, inneres Kind in sich tragen. Vom verletzten inneren Kind wird gesprochen, wenn diese Person «eine Problematik mit sich herumträgt, die verwickelt und unbewusst ist» (Cullberg Weston, 2011, S. 63). Es gilt also, zwischen schmerzlichen Erinnerungen aus der Kindheit und den daraus resultierenden, emotionalen und unverstandenen Reaktionsweisen (z. B. heftiger Zorn, Wutausbruch, tiefe Traurigkeit) zu unterscheiden. Der mögliche Zusammenhang zwischen den heutigen Reaktionsweisen und den Kindheitserinnerungen ist oftmals nicht bewusst.

Es können auch auf den ersten Blick weniger gravierende Mängel in einer Familie herrschen, die zu fixen Vorstellungen und Überzeugungen führen: Sie sind für die Selbstachtung ebenfalls nicht hilfreich. So kann ein mangelndes Verständnis für die Fragestellungen und die Erlebniswelt im Alltag des kleinen Kindes zu Schwächen in der Selbstachtung führen. Es können Unterlegenheitsgefühle («Ich bin nicht gleichwertig – andere sind wichtiger als ich»), Schamgefühle («Ich darf meinen Wunsch nach Nähe und Wärme nicht ausdrücken») oder auch das Gefühl, nicht zu genügen («Im Grunde bin ich wertlos»), entstehen. Somit befinden sich verschiedene innere Kinder in uns Menschen, und wir alle sind gefordert, mit dieser Anwesenheit umzugehen. Die Unterscheidung zwischen bewusst und unbewusst ist fliessend, und die obige Definition des inneren Kindes erfährt im Verständnis dieses Kapitels in dem Sinn eine Erweiterung, als das innere Kind sowohl unbewusst wie auch bewusst sein kann. Diese Erweiterung der Definition sei erlaubt, da auch Fixierungen wie das Gefühl, «nicht zu genügen», unbewusste Anteile enthalten können, nämlich in sich das geheime Wissen zu tragen, im Grunde wertlos zu sein. Dies kann an der dazu gehörenden, meist übersteigerten Kompensationsform des Überlegenheitsstrebens erkannt werden. Wichtig ist zu wissen, dass unbewusste Anteile der inneren Kinder mit Fachpersonen aufzuarbeiten sind. Damit kann die Selbstachtung wieder hergestellt werden, sodass der Selbstwert gestärkt wird: eine Investition, die sich lohnt, jedoch nicht zu unterschätzen ist.

Um in Kontakt mit den bewussten Teilen des inneren Kindes zu kommen, hilft die Beantwortung folgender Frage:

Welche Verbindung sehe ich zwischen meinen aktuellen Schwierigkeiten als Erwachsener und meinem Selbstbild?

Dieses Selbstbild wurde im Kindesalter entwickelt und enthält fehlerhafte Schlussfolgerungen und Vorstellungen über sich selbst. Diese müssen korrigiert werden. «Ich bin nicht genug» – dieses frühkindlich erworbene Selbstbild kann vor dem Erwachsenenauge neu angesehen werden. Dies kann mit der erarbeiteten Überzeugung, dass alle Menschen gleichwertig sind, weil sie Menschen sind, neu beurteilt werden. So können wir den frühkindlichen Irrtum auflösen und somit die Selbstachtung stärken. Das subjektiv empfundene Minus wird zum sozialen Plus. Das Gefühl, «nicht zu genügen», wird sich nicht mehr so oft wie vorher manifestieren, und wir können besser mit unserer Umwelt umgehen – genauso wie es unserer Umwelt leichter fällt, mit uns umzugehen (deshalb das soziale Plus). Wir werden nicht mehr auf eine alte und falsche Überzeugung zurückgeworfen, sondern verhalten uns nach der neuen Denkweise, die sich noch verfestigen muss. Dabei ist es wichtig, das kleine Kind, das sich wegen der Umstände ein falsches Selbstbild erwarb, nicht zu verurteilen, denn es blieb ihm in dieser Zeit keine andere Wahl, als sich sein Selbstbild so zu erarbeiten, wie es dies tat. Es geht sogar darum, dieses verinnerlichte Kind anzunehmen, ein Verständnis für es zu entwickeln und es liebevoll in den Arm zu nehmen. Es ist und bleibt ein Teil der Psyche jedes Menschen. Die Selbstachtsamkeit besteht hier nun darin, sich der negativen Auswirkungen dieses Selbstbildes anzunehmen und diese so zu verändern, dass kein Preis mehr – oder zumindest ein sehr reduzierter – bezahlt wird.

Dazu ein Beispiel: Einem Mann, 35-jährig, wurde als Kind oft eingetrichtert, dass er immer das letzte Wort habe und somit frech sei. Er interpretierte dies zudem dahingehend, dass er deswegen ein Angeber sei, obwohl er das letzte Wort selbst nie als etwas empfand, worum es ihm ging, sondern weil er seine Meinung oder seine Gefühlslage mitteilen wollte. Während seiner Reflexion fiel ihm auf, dass er sich als Erwachsener in verschiedenen Dingen zurückhielt, da er nicht wollte, dass er als Angeber dastand. Diese Reflexion wurde dadurch ausgelöst, dass ihm jemand mitteilte, dass seine – wenn auch nur spärlichen – Aussagen, immer sehr viel Gehalt hätten. Er war von diesem Feedback überrascht und begann, sich selbst zu beobachten und der ganzen Dynamik mehr Beachtung zu schenken. Während des Reflexionsprozesses tauchte plötzlich die Frage «Wie wertvoll bin ich?» in seinem Bewusstsein auf. Diese Bewusstwerdung war der externen Intervention, dem Feedback zu verdanken. Nach und nach gelang es ihm, einen «objektiveren» Massstab anzuwenden. Er getraute sich nun öfters, seine Meinung zu sagen und sich einzubringen, ohne sich der Prahlerei schuldig zu fühlen. Er respektierte sich in seiner Art mehr, wodurch er sich selbst mehr Wert beimass. Die Grundlage zu einem verbesserten inneren Verständnis und persönlichem Wachstum war gelegt. Auch waren die positiven Auswirkungen auf seine Mitmenschen feststellbar, da andere, persönlichere Gespräche auf Augenhöhe stattfinden konnten. Auch dieses Beispiel zeigt sehr schön auf, dass Selbstachtsamkeit nie nur aus einer individuellen, sondern immer auch aus einer sozialen, gemeinschaftlichen Perspektive betrachtet werden muss.

Es gibt auch andere Möglichkeiten, um in Kontakt mit dem inneren Kind zu treten. Wir können uns Fotos aus der Kindheit anschauen und ein Bild von uns auswählen. Dann setzen wir uns mit diesem Bild in einen bequemen Sessel. Wir betrachten dieses Bild von uns ganz genau, schliessen die Augen und stellen uns vor, wer wir in dieser Kindheitssituation waren und wie wir uns gefühlt haben. Nun hilft die Frage: «In welcher Art und Weise braucht dieses Kind Hilfe? Wie kann ich sie ihm geben? Braucht es Trost, Zuwendung, Verständnis, Liebe, Anerkennung oder etwas anderes?» Mit der Zeit entsteht damit ein positiveres Selbstbild, ohne sich selbst oder seine Eltern zu verurteilen.[32] Auf diese Weise können wir uns innerlich befreien und von den negativen, fehlerhaften Anteilen des Selbstbildes loslösen. Zudem verändern wir unsere Wahrnehmung, die Deutung des Wahrgenommenen, unsere Gefühle, unser Denken, unsere Entscheidungen und somit auch unser Handeln. Anders gesagt: Die Lebensqualität steigt durch die erhöhte Selbstachtsamkeit. Positive Gefühle stärken uns. Diese neue Freiheit breitet sich aus und die langersehnte Ermutigung zur Veränderung löst die lethargische Erstarrung in uns ab. Wir fühlen uns nicht mehr machtlos und ohnmächtig. Das negative, innere Etikett wird nach und nach abgelegt und die Selbstgespräche werden positiver. Auch ein guter Freund oder eine gute Freundin können hier als Verbündete helfen. Sie geben uns beispielsweise ein stützendes Feedback, bestätigen die Entwicklung oder ermutigen uns mit wertschätzenden Worten und Gesten. Eine positive innere Instanz, die im Kindesalter erlebt wurde, kann uns in unserem Veränderungsprozess ebenso unterstützen. Dies kann die Grossmutter sein, die es gut mit uns meinte, die uns vorbehaltlos und bedingungslos annahm, wie wir waren.

Es geht also darum, sich seiner inneren Kinder anzunehmen, sich seiner negativen Selbstbilder zu entledigen, um damit die Selbstachtung wieder herzustellen und auf ein gesundes Mass zu heben. Oft sind diese negativen Selbstbilder erkennbar, wenn auf kleine auslösende Ereignisse sehr heftig und mit starken

---

[32] Dies ist auch nicht mehr nötig, denn möglicherweise konnten die Eltern nicht anders handeln. Man darf – so paradox dies klingt – nicht vergessen, dass man diese schwierigen und verletzenden Situationen überlebt hat. Zudem sind es nicht immer die Eltern, die dies auslösen, es kann auch ein älteres, unsensibles Geschwisterkind, drangsalierende Mitschüler oder eine verständnislose Lehrkraft sein.

Gefühlsreaktionen geantwortet wird. Dies deutet auf ein inneres Kind hin, auf das eingegangen werden kann. Nach einer erfolgreichen Behandlung treten die oben beschriebenen Wirkungen ein. Zudem kann sich eine Dankbarkeit gegenüber der auslösenden Situation entwickeln, denn ohne sie hätte sich das negative Selbstbild nicht offenbart. Dies zeigt wiederum auf, wie wichtig selbst im Erwachsenenalter die Mitwelt ist. Wir brauchen sie als unseren Spiegel, um Dinge an uns festzustellen, die wir sonst nicht sehen. Gerade in der heutigen Zeit, in der es um das Hervorheben des Individualismus geht, darf dieser Aspekt nicht vergessen werden. Der Spiegel zeigt auf, dass unsere Gesellschaft auf dem Holzweg ist und sich die Beziehungslosigkeit gegen das menschliche, soziale Wesen richtet.

Selbstachtung ist und wird sowohl dem moralischen wie auch dem sozialen Wesen Mensch gerecht: Es geht im Leben um Beziehungen und deren Gestaltung, einerseits zu anderen und anderem, andererseits auch zu sich selbst. Dass negative Selbstbilder und deren Auflösung sich auch auf unsere Beziehungen auswirken, lässt sich auch am Beispiel einer Paarbeziehung erläutern. Wenn wir einen Partner oder eine Partnerin wählen, kann es passieren, dass wir (unbewusst) ein Gegenüber suchen, das uns gleichbehandelt wie unsere Eltern. Wir vermuten vielleicht eine ähnliche, gewohnte Behandlung und machen uns Hoffnungen, dieses Mal besser behandelt zu werden. Eine heilsame Erfahrung machen zu wollen und die Sehnsucht zu haben, endlich so geliebt zu werden, wie wir von unseren Eltern geliebt werden sollten, wirken. Auch das Gefühl, «nicht zu genügen», entwickelt in einer Partnerschaft eine Dynamik, die wir nicht unterschätzen dürfen. Dies kann sich beispielsweise so äussern, dass wir überzogene Forderungen an uns selbst stellen, beispielsweise «perfekt sein zu müssen». Dies kann sich dann negativ auf die Partnerschaft auswirken. Wenn diese negativen Selbstbilder aufgelöst werden, entfällt auch die Kompensationsstrategie, die durch ihre Ausprägung und Intensität meist überkompensierend ist und damit schadet. All die dadurch ausgelösten negativen Folgen entfallen und die Partnerschaft erfährt eine neue Qualität. Niemand muss in einer Partnerschaft «perfekt sein». Wenn wir authentisch sind und den Partner oder die Partnerin auch so sehen, werden wir glücklicher.

Letztendlich geht es darum, die inneren negativen Selbstbilder und die damit verbundenen Fixierungen zu erkennen und aufzulösen. Nur so kann das wahre innere Kind wieder entdeckt werden. Es war wie verschüttet unter all den negativen Spiegelungen der Bezugspersonen, den Scham- oder auch Schuldgefühlen. An diesen nicht tangierten, unversehrten Wesenskern heranzukommen, ermutigt uns und stellt für unser Erwachsenenleben eine nicht zu unterschätzende Hilfe und Unterstützung dar. Es ist wie ein «Nach-Hause-Kommen», ein «In-sich-eingemittet-Sein», ein «Zurückkommen» zu den eigenen Wurzeln. Menschen nehmen sich dann ganzheitlich wahr, ohne zu vergleichen und zu bewerten. Das wahre innere Kind wird zur Ressource, zum Kraftort, wo sich der Mensch vorbehaltlos und wohlwollend akzeptiert, nahe bei sich selbst und seinem Innersten fühlt. Er respektiert sich mehr und kann sich leichter gegenüber der Mitwelt abgrenzen. Sich für eigene Belange einzusetzen, wird selbstverständlich. Eine neu gewonnene Sicherheit und Stabilität stellen sich ein. Indem wir uns mit den negativen Selbstbildern emotional auseinandersetzen, machen wir den Weg zu mehr

Selbstachtung und einem stärkeren Selbstwertgefühl frei. Stolz und Freude bekommen neu ihren Platz in der Gefühlswelt des Menschen. Sich aus Scham schlecht behandeln zu lassen, ist nicht mehr nötig. Diese Grenze kann neu gesetzt werden. So entsteht ein anderes Verhältnis zu sich selbst. Die inneren Bande, zu sich zu stehen, werden gestärkt, und die eigenen Bedürfnisse zu artikulieren, fällt entschieden leichter. Die Erkenntnis, dass die negativen Selbstbilder mit dem wahren Wesen nichts zu tun haben, ist immens wertvoll. Sie werden als «Altlasten, die von der kindlichen Neigung herrührten, Schuld und Scham für etwas zu übernehmen, das jenseits der Verantwortung liegt, insbesondere auch für Versäumnisse des Umfeldes und der Eltern» (Cullberg Weston, 2011, S. 232), entlarvt. Der Blick als Erwachsener auf die Situation des Kindes hilft ungemein, da die überfordernde Verantwortungsübernahme besser eingeschätzt werden kann.

Ein Beispiel kann dies illustrieren: Eine dreissigjährige Frau fühlte sich als Kind dafür verantwortlich, dass ihre Eltern zusammenbleiben und sich nicht scheiden lassen. Diese Verantwortung übernahm sie, weil sie befürchtete, einen Elternteil zu verlieren. Zudem stritten sich die Eltern sehr oft und heftig. Diese Tendenz, zu viel Verantwortung zu übernehmen und sich nur schwer abgrenzen zu können, hielt so lange an, bis sie sich dieses Verhaltens als Erwachsene bewusst wurde: Ein Mädchen von sechs Jahren zog mit ihrer Familie in der Nachbarschaft ein. Die Frau erinnerte sich daran, dass sie in diesem Alter die Ehe ihrer Eltern retten wollte. Als sie das Mädchen beobachtete, erkannte sie, dass kein Kind in diesem Alter die Verantwortung für die Ehe ihrer Eltern übernehmen kann. Die erwachsene Frau fühlte, dass ihre Ansprüche an sich selbst ihre Kräfte bei weitem überstiegen. Dieser verbesserte Realitätsbezug als Erwachsene half ihr, die Angst, die dahinter lag, zu erkennen und mehr Verständnis für sich und ihre damalige Situation aufzubringen.

Nach dieser Erkenntnis besteht die Gefahr, sich als erwachsener Mensch vorwurfsvoll zu fragen: «Wie konnte ich nur? Wie war ich anmassend, mir dies aufzuerlegen? Weshalb merke ich dies erst jetzt und habe so lange darunter gelitten?» An diesem Punkt ist es wichtig zu wissen und sich dies auch zu vergegenwärtigen, dass das Kind in diesem früheren Moment und unter den gegebenen Umständen für sich keine andere Möglichkeit sehen konnte, mit dem Streit der Eltern umzugehen. Es war für das Kind existenziell, diese Angst auf irgendeine Art und Weise zu bewältigen. Die gewählte Strategie war damals genau richtig, um mit der überfordernden Situation umzugehen. Sich dies als Erwachsener vorzuwerfen, ist deshalb weder angebracht noch selbstachtsam. Eine ähnliche Denkweise hilft bei der Frage über den Zeitpunkt der Einsicht (in obigem Beispiel 24 Jahre später). In dieser Frage schwingt eine gewisse Enttäuschung und Reue oder vielleicht auch Undank mit. Dabei sind folgende Punkte bedenkenswert: Erstens brauchen viele Dinge die nötige Reife und auch eine bestimmte zeitliche Distanz, bis sie in Erscheinung treten. Somit ist auch in diesem Bereich eher Demut angesagt. Zweitens hat jede Enttäuschung auch einen positiven Kern. Denn ent-täuscht sein heisst, nicht mehr länger getäuscht zu sein. Dieser neue Zustand ist erstrebenswert, weil er der Realität entspricht. Eine realistische Sichtweise eröffnet die Möglichkeit, anders mit sich und der Umwelt umzugehen. Drittens darf getrost davon ausgegangen werden, dass sich nach dem Gesetz der Kompensation zukünftig eine stark verbesserte

Verantwortungsabgrenzung zeigen wird, die die zu starke Verantwortungsübernahme kompensiert. Es findet ein Ausgleich statt. Daraus entsteht eine Dankbarkeit, dass ohne die Erlebnisse und Erfahrungen kein solcher Wandel möglich gewesen wäre. Viertens entsteht etwas, das in der heutigen Zeit oft unterschätzt wird: Wir dürfen hoffen, dass sich auch andere, tendenziell belastende Fragen klären lassen. Hoffnung hat verschiedene Dimensionen. Sie hat mehr mit Überzeugung als mit Glauben zu tun. Wer hofft, will die Realität sehen: Das Mantra «Es kommt schon gut!» reicht für ihn oder sie nicht, denn dieser Satz enthält fiktive Anteile. Wenn wir Hoffnung fühlen, sind wir fähig und gestärkt, mit allem, was kommt, in irgendeiner Art und Weise umgehen zu können. Wir nehmen eine Zuversicht wahr und sind offen. Diese Offenheit unterscheidet die Hoffnung von der Erwartung. Die Erwartung ist konkret, die Hoffnung offen. Eine begrenzte Sichtweise wird durch die Offenheit verhindert. Der oder die Hoffende beherrscht die Kunst der Vergegenwärtigung der Zukunft, ohne sie vorwegzunehmen. Dies hilft auch bei Veränderungsprozessen zu mehr Selbstachtung. Wer hofft, fühlt sich selbst aufgerufen, zu den eigenen Möglichkeiten zu stehen. Diese Haltung bewirkt Tatkraft und führt ebenso zu einem Handlungsimpuls, und zwar im Wissen darum, dass wir die Grenzen unseres Tuns anerkennen, weil wir nicht alles selbst bewirken können. Wir erkennen dann, dass das, was wir für andere Menschen sein können, sich nicht auf das Begreifbare beschränkt.

Die Sehnsucht nach Sinn ist bei Hoffenden ausgeprägt; sie sind tiefsinnige Menschen und haben die Fähigkeit, sich bei Widrigkeiten wieder auf sich selbst zu besinnen. Dies schaffen sie, indem sie eigene, innere Strategien entwickeln. Sie finden zu sich selbst und haben die Demut, auch die letzten Fragen auf sich zukommen zu lassen. All diese Dimensionen der Hoffnung sind Elemente, die zu mehr Selbsterkenntnis führen.

Zurück zum Beispiel: Die dreissigjährige Frau hat nun eine realitätsbezogene Erwachsenensicht. Sie konnte ihr verschüttetes, wahres inneres Kind erkennen, indem sie einen Teil dieser Sedimente beiseiteschob. Sie muss sich von nun an nicht mehr für alles verantwortlich fühlen. Sie kann ihre Bedürfnisse nun sensibler wahrnehmen und muss sich nicht mehr aufbürden, als sie für sich verantworten kann.

Auch bei diesem Beispiel dürfen wir nicht vergessen, wie stark sich diese Einsicht auch gegen aussen manifestiert. Zudem hat sich das Menschenbild der Frau geändert. Sie zeigt nun mehr Respekt gegenüber dem Leben. Dankbarkeit und Demut verstärken das Menschsein. Es fällt ein neues Licht auf ihre Rollen im Alltag. Ihre Mitmenschen stellen die Veränderungen in Form erhöhter Achtsamkeit, Stärke und Empathie fest. Zum Beispiel erhöht sich als Elternteil die Sensibilität in der Erziehung. Neue Werte, vertiefte, altersadäquate Dialoge halten Einzug und steigern die Fürsorge für das Kind. Es entsteht und vertieft sich die Einsicht, dass «die Schwierigkeiten des Erwachsenen, die kindlichen Bedürfnisse zu verstehen und zu erfüllen, die Möglichkeit des Kindes, seine eigene Persönlichkeit zu entwickeln, begrenzen» (Cullberg Weston, 2011, S. 221).

Wie weit sich ein Mensch dessen bewusst ist, dass er immer ein wahres inneres Kind in sich trägt, das durch verschiedenste Umstände verschüttet wurde und dessen «Wiederausgrabung» ansteht – davon hängen mitunter auch seine Selbstachtung und Authentizität ab. Dieser Weg wird sich lohnen, selbst wenn es kein einfacher ist, denn er führt zu persönlichem Wachstum, mehr Selbsteinsicht und somit zu einer verständnisvolleren Selbstannahme. Die Entdeckung des wahren inneren Kindes, des wahren eigenen Wesens, indem die Sedimentschichten abgetragen werden, darf als Lebensaufgabe verstanden werden. Ob wir diese Aufgabe annehmen oder ablehnen, dürfen wir selbst für uns entscheiden – schliesslich geniessen wir die Freiheit zu entscheiden. Je länger das innere Kind jedoch verschüttet bleibt, desto höher dürfte der Preis sein, den wir dafür bezahlen.

SELBSTACHTSAMKEIT UND PARTNERSCHAFT

Darin eben liegt der Sinn des Paares: nicht in der Rettung, sondern in der Begegnung. Oder besser gesagt, in den Begegnungen. Ich begegne dir, Du mir, Ich mir, Du dir. Wir den anderen Menschen.

Jorge Bucay

Ohne Achtung aber gibt es keine wahre Liebe.

Immanuel Kant

Sich verlieben heisst, die Übereinstimmung zu lieben, und lieben, sich in die Unterschiede zu verlieben.

Jorge Bucay

In dem Bereich, in dem sich zwei Menschen so nahestehen wie in einer Partnerschaft, kommt der Selbstachtung eine zentrale Rolle zu. Weshalb ist das so? Die Antwort lautet: weil sie einen wichtigen Grundpfeiler dafür darstellt, dass jeder Mensch er selbst bleiben kann und dem Gegenüber die Freiräume lässt, die für die Beziehung so wichtig sind. Anders als andere Beziehungen ist die Partnerschaft von Intimität geprägt – und dabei ist nicht «nur» die Sexualität gemeint, sondern alle Bereiche, in denen der Mensch Scham empfindet, wenn er etwas von sich preisgeben muss oder etwas offenbar wurde, das er lieber für sich behalten hätte.

Um die Selbstachtung in der Partnerschaft leben zu können, ist es unumgänglich, dass sich jede Partnerin und jeder Partner selbst gut kennt und sich selbst auch liebt. Sich selbst zu kennen, ist bereits eine Herausforderung, da grosse Anteile (ca. 80– 90 %) unbewusst sind.[33] Selbst wenn daraus folgt, dass der bewusste Teil «nur» bei 10 bis 20 Prozent liegt, sollten die Partner und Partnerinnen für diesen Teil die Verantwortung übernehmen, um sich damit selbstachtsam, in Respekt und Würde einzubringen. Dies ist schneller gesagt als getan: Wie oft passiert es, dass eigene Bedürfnisse in der Partnerschaft unausgesprochen, ja sogar hintenangestellt werden, anstatt diese gegenüber dem Partner oder der Partnerin auszusprechen? Nur wenn Bedürfnisse ausgesprochen werden, kann man gemeinsam Wege finden, um sie zu befriedigen. Nicht zu sich stehen, sich selbst aufzugeben, das Gefühl zu haben, die Bedürfnisse des Partners oder der Partnerin seien wichtiger als die eigenen, zeugt von einem tiefen Selbstwert. Die Selbstachtung ist einer Missachtung des würdevollen Umgangs mit sich selbst gewichen. Dies führt zu einem Ungleichgewicht in der Partnerschaft. So können Dynamiken entstehen, die schädlich sind. Bei dem einen steigt die Frustration über das eigene Ungenügen, für sich selbst einzustehen, bei der anderen entsteht das Gefühl, für das Gegenüber zu viel Verantwortung übernehmen zu müssen. Diese Dynamik lässt eine Abhängigkeit entstehen, die eine nicht gleichwertige Partnerschaft festigt. Dies kann auf Dauer nicht gut gehen.

---

[33] Siehe dazu auch das «Eisberg-Modell» bei Zimbardo und Gerrig (2008). *Psychologie (18., akt. Aufl.).* München: Pearson Education Deutschland GmbH, S. 517.

Um dies zu verhindern, ist es sinnvoll, sich die folgenden Fragen zu stellen:

- Was will ich in meiner Partnerschaft?
- Was ist mir wichtig?
- Welche Werte sind für mich in meiner Partnerschaft zentral?
- Was möchte ich sicher nicht?
- Was bin ich bereit aufzugeben, was nicht?

Sich diese Fragen zu Beginn einer Partnerschaft zu stellen, ja sogar sich darüber mit dem Partner oder der Partnerin in aller Offenheit auszutauschen, kann zu Beginn der Partnerschaft sehr hilfreich und klärend sein. Auch während der Beziehung kann es nicht schaden, gemeinsam über die Fragen und Antworten zu reflektieren und sich als Paar damit zu beschäftigen, weil die Beziehung und ihre Gestaltung ein laufender, dynamischer Prozess ist. In diesem Prozess geht es mitunter auch darum, sich immer wieder neu zu finden, wohlzufühlen und sich in gegenseitigem Respekt, Achtung und Würde zu begegnen. Der Prozess beinhaltet auch die Bereitschaft, das eigene, internalisierte Bild des Partners oder der Partnerin zu verändern. Dies gilt insbesondere dann, wenn Erfahrungen mit dem Gegenüber gemacht werden, die nicht im Einklang mit dem inneren Bild stehen. Dies führt meist zu Unverständnis und Irritationen. In solchen Fällen fragt man sich vielleicht: «Weshalb reagiert er so? Das verstehe ich nicht! Das kannte ich bisher nicht!» In solchen Momenten ist ein Austausch sinnvoll, der auf der eigenen Reflexion basiert. So versuchen die Partnerin und der Partner, die Dinge miteinander zu klären und die Irritationen aufzulösen.

Selbstachtsamkeit eines Ehepaars – ein praktisches Beispiel

Ein Paar, das seit fünfzehn Jahren verheiratet ist, kommt während eines gemeinsamen Spazierganges auf finanzielle Themen zu sprechen, da sich die Frau beruflich neu positionieren möchte. Sie beabsichtigt, ihre sichere Anstellung aufzugeben und eine selbständige Tätigkeit zu wagen. Für den Ehemann scheint dies kein Problem zu sein, da er die finanzielle Situation kennt und grossen Wert auf die Selbstverwirklichung seiner Frau legt. Auf einmal reagiert sie sehr vehement auf eine Aussage ihres Ehemannes, dass es doch kein Problem sei, wenn sie einen grösseren Teil ihres Ersparten für die Selbständigkeit einsetzen würde. Der Ehemann überlegt nun Folgendes: «Weshalb reagiert sie so heftig? So kenne ich sie nicht! Das war jetzt unverhältnismässig!» Er spricht diese Beobachtung für den Moment jedoch nicht an, da er sie noch etwas auf sich wirken lassen möchte. Nach seiner Reflexion und der daraus folgenden Erkenntnis, dass er dies klären möchte, spricht er die Situation in einem ruhigen Moment an. Die Ehefrau erklärt ihm, wie sie seine Aussagen empfunden hat, und führt aus, dass die Situation bei ihr existenzielle Fragen hervorgerufen habe. Sie habe immer Mühe damit, da sie als Kind immer Existenzängste erlitten habe, wenn ihre Eltern über ihre finanzielle Situation gesprochen hätten. Obwohl es ihren Eltern materiell gut gegangen sei, habe sie als Kind verstanden, dass sie sich bald nichts mehr leisten könnten. Daraus habe sich eine Existenzangst entwickelt, finanziell bedroht zu sein. Um dies zu verhindern, sei sie zeit ihres Lebens darauf bedacht gewesen, ein finanzielles Polster zu haben. Mit der beruflichen Umorientierung drohe dieses Polster zu schwinden. Die frühkindlichen Ängste kamen dadurch hoch und wurden in der gleichen Intensität emotional wieder erlebt.

Dies hat der Ehemann nicht gewusst und dieser Aspekt war auch nicht Teil seiner inneren Repräsentanz seiner Frau. Er kann nun die Heftigkeit ihrer ersten Reaktion nachvollziehen und verstehen. Ebenso erweitert er sein verinnerlichtes Bild seiner Frau um diese Erkenntnis. Der Frau wird im Rahmen dieses Dialoges selbst klar, dass die jetzige Situation nicht der damaligen entspricht. Sie kann lernen, die damalige Situation von der heutigen zu unterscheiden, indem sie versucht, ihre Angst von damals wahrzunehmen. Aus der Sicht ihres erwachsenen Ichs ist sie nicht mehr existenziell, sondern veränderbar. Die Ehefrau stellt also die Kosten zusammen und vergleicht sie mit den Lebenshaltungskosten und dem Ersparten. So kommt sie zum Schluss, dass sie den Sprung in die Selbständigkeit wagen kann, ohne existenzielle Angst zu haben.

Dieses Beispiel zeigt, wie sich eine Irritation für beide positiv auswirken kann, sich bei beiden die internalisierten Bilder erweitern und sich durch die Auseinandersetzung mit dem Thema die Beziehung festigt. So wird die Widerstandskraft/die Resilienz der Beziehung für andere Herausforderungen gestärkt. Weiter ist auch schön zu sehen, wie sich die Selbstachtung der Ehefrau und des Ehemanns auswirkte. Die Frau war im Moment ihrer Reaktion sehr authentisch: Sie verstellte sich nicht und liess ihre Gefühle, sprich ihre Existenzangst zu. Eine andere Verhaltensweise wäre nicht selbstachtsam gewesen. Der Mann war ebenso selbstachtsam, da er seine Irritation, sein «Nicht-verstehen-Können» zuerst selbst nachvollziehen wollte. Er wusste aus Erfahrung, dass es für ihn besser ist, die Dinge zuerst auf sich wirken zu lassen, bevor er mit Worten reagiert. Er war sich auch gewiss, dass er die Situation mit seiner Frau klären möchte, da die Reaktion für ihn nicht adäquat war. Beide standen zu sich, ohne einander Vorwürfe zu machen. Die Absicht des Ehemannes, das klärende Gespräch auch umzusetzen, spricht ebenfalls für eine selbstachtsame Haltung. Es nicht zu tun, würde die Selbstachtung sabotieren. Das Outing über die frühere Existenzangst der Ehefrau war ebenfalls selbstachtsam, da sie ihren Ehemann über die frühen Existenzängste in Kenntnis setzte. Sie betrachtete dieses Geständnis als Investition in die Beziehung – anderenfalls hätte sie es nicht erwähnt. Dies wäre ebenfalls selbstachtsam gewesen, da diesbezüglich ein bewusster Entscheid vorausgegangen wäre, sich nicht zu outen. Auf die Beziehung hätte dies jedoch eine tendenziell negative Auswirkung gehabt, da der Ehemann im Ungewissen geblieben und somit sein Unverständnis angehalten hätte. Die Beziehung wäre dadurch geschwächt worden, statt Nähe wäre Distanz entstanden. Neben Selbstachtung war die Bereitschaft der Ehefrau nötig, in die Beziehung zu investieren, sich in einem Bereich zu öffnen, der intim und auch mit Scham behaftet ist. Für sie war wichtig, ihren Ehemann darüber in Kenntnis zu setzen. Die Liebe half ihr, sich zu öffnen. Sie fühlte sich in der Art und Weise, wie das Gespräch verlief, verstanden. Sie vertraute auf die Beziehung zu ihrem Ehemann und auf diejenige zu sich selbst. Je besser sie sich selbst und ihren Ehemann kennenlernt, desto mehr vertieft sich ihre Selbstachtsamkeit und stärkt die Beziehung – das gilt umgekehrt ebenfalls für den Ehemann.

Auch nach vielen Jahren des Zusammenseins ist der Ausdruck «sich zu kennen» mit grosser Vorsicht zu geniessen. Das innere Bild des Partners oder der Partnerin wird nicht nur durch Erfahrungen geprägt, sondern auch durch Werte, die die gesellschaftliche Geschlechterrolle beeinflussen. Ebenso ist es von eigenen Wünschen, wie der Partner sein möge, geprägt. Allein die Frage, wie wir einen anderen Menschen wirklich kennen können, wenn wir uns nicht einmal selbst kennen, gemahnt uns, in dieser Frage vorsichtig zu sein: Nur wer die ersten sieben Jahre in denselben Stiefeln wie das Gegenüber steht, kann sich gleich verhalten. Diese Einsicht hilft gleich mehrfach: Einerseits verstehen wir unser Gegenüber besser, andererseits stärkt sie unsere kognitive und emotionale Empathie.[34] Zudem unterstützt sie uns dabei, die Einzigartigkeit unseres Partners oder unserer Partnerin wahrzunehmen. Er oder sie wird nicht in einen Rahmen gepresst. Auch die Freiheit und das Bedürfnis, das Gegenüber immer wieder mit anderen Augen zu sehen, werden durch diese Einsicht, die immer mehr zur inneren Haltung gegenüber Mitmenschen wird, geprägt. Sie ermöglicht auch, eine Freude zu entwickeln, den Partner oder die Partnerin in der Partnerschaft wachsen zu sehen – frei nach der angeblich Goethe zugeordneten Aussage, dass man den Menschen nicht so behandeln sollte, wie er ist, sondern wie er werden könnte.[35] Die Aussage ist so zu verstehen, im Gegenüber immer auch das Entwicklungspotenzial zu sehen. Dieses ist – in aller Bescheidenheit – achtsam zu fördern. Es geht darum, mehr im anderen zu sehen, als dieser sich selbst zutraut. Der Bibelsatz «Liebe deinen Nächsten wie dich selbst!» sei auch hier explizit erwähnt, denn er ermöglicht neben der

---

[34] Hierbei geht es darum, sowohl die Gefühle (emotionale Empathie) als auch die Gedanken und Absichten (kognitive Empathie) des oder der anderen zu verstehen und nachzuempfinden.

[35] Paraphrasierte Aussage nach Goethe, Wilhelm Meisters Lehrjahre, 8. Buch, 4. Kap.

Selbstliebe auch die Liebe zum Partner oder zur Partnerin. Diese Leitsätze sind in der Anwendung keine Spaziergänge, sondern die Grundlage, um liebend durchs Leben zu gehen. Lieben heisst, sich selbst und den Partner oder die Partnerin so anzunehmen, wie er oder sie ist. Dies ist auch kein Gegensatz zum oben aufgeführten Goethe-Zitat («wie der Mensch werden könnte»). Beide Sätze basieren auf Liebe, wohlwollender Achtsamkeit und haben mit Öffnung und persönlichem Wachstum zu tun. Die Liebe ist bedingungslos – ein grosser Satz, der in der Praxis nicht einfach umzusetzen ist, weil jeder Mensch ungeliebte Seiten in sich trägt und immer wieder mit ihnen konfrontiert wird, bis sie aufgelöst sind. Das obige Beispiel des Ehepaares hat dies sehr klar gezeigt. Der «Knopf» der existenziellen Angst wurde durch eine Äusserung des Ehemannes bei seiner Partnerin gedrückt. Ein schmerzlicher Vorgang, der aber zugleich auch Gutes bewirkt hat: Die Existenzangst wurde stark gemildert, und die Ehefrau konnte eine Bewältigungsstrategie entwickeln. Das Ehepaar kann aus der gemeinsam gemachten Erfahrung eine Dankbarkeit entwickeln, die der Beziehung guttut, nämlich sich selbst durch die Reaktion des oder der anderen erfahren zu dürfen. Dies stärkt die Selbstliebe und somit auch die Liebe zum Gegenüber.

Wenn zwei sich verlieben und eine Partnerschaft gründen möchten, sind sie beide bis zu diesem Zeitpunkt ihren eigenen Weg gegangen. Oftmals ist dann die idealistische Vorstellung vorhanden, ab nun einen gemeinsamen Weg zu gehen, quasi seinen eigenen Weg mit einem gemeinsamen zu tauschen. Eine sehr viel selbstachtsamere und auch wirklichkeitsnähere Betrachtungsweise ist diejenige, dass sie von nun an als Paar drei Wege gehen: jeweils den eigenen für sich und einen gemeinsamen als Paar. Diese Betrachtungsweise lässt sehr viel mehr Freiheit, weil sie dem Gegenüber den notwendigen Respekt und das Vertrauen gibt. Der dritte, gemeinsame Weg kann nur gelingen, wenn die anderen beiden ebenfalls gelebt werden. Die beiden eigenen Wege ermöglichen erst, den gemeinsamen Weg achtsam und mit weniger Verwicklungen zu gehen und eigene Erfahrungen als Individuum und als Paar zu machen. Diese Erfahrungen liegen vor allem auch in der Selbstachtsamkeit, denn wo ist eine bessere Vertrautheit vorhanden als in der Partnerschaft? Es entsteht ein gemeinsamer Experimentier- und Entwicklungsraum, in dem beide wachsen können. Ob dieser dann auch genutzt wird, hängt in erster Linie vom gegenseitigen Vertrauen ab. Wer vertraut, kann sich öffnen und die eigene Verletzbarkeit zeigen. Vertrauen kann missbraucht werden. Wenn das geschenkte Vertrauen nicht (mehr) missbraucht wird, beginnt es zu wachsen.

Viele Menschen stellen sich vor, dass ihr Partner oder ihre Partnerin sie glücklich machen soll. Die Verantwortung für das eigene Glück wird also nach aussen delegiert. Was bewirkt eine solche Haltung? Diese Menschen suchen das Glück im Äusseren und nicht bei sich selbst im Inneren. Dem Partner oder der Partnerin wird auf diese Weise eine Verantwortung aufgebürdet, die er oder sie nie erfüllen kann – im schlimmsten Fall ein Hamsterrad, in dem sich der oder die Geliebte abstrampelt und das Ziel doch nicht erreicht. Dazu kommt, dass die Beziehung der beiden in eine Unwucht gerät: Wer Verantwortung abgibt, macht sich von der Person abhängig, die die Verantwortung übernimmt. Diese Feststellung ist meist nicht offensichtlich. Enttäuschungen sind die Folge, und die Verzweiflung droht.

Das Gegenteil stimmt: Jeder und jede ist für das eigene Glücklich-Sein verantwortlich. Selbstachtsam wäre es, die Verantwortung für das Glück auch in der Partnerschaft bei sich zu behalten und diese auch für sich wahrzunehmen. Die Verantwortung für das eigene Glück zu übernehmen, entlastet die Partnerschaft und schafft Klarheit, weil kein Erwartungsdruck entsteht. An beiden liegt es, sich Freude zu bereiten und Anerkennung zu schenken. Wenn jeder und jede weiss, wie das Freude-Bereiten und das Anerkennung-Schenken im eigenen Leben funktioniert, kann dies auch für den Partner oder die Partnerin getan werden! Wie jede Schenkung sollte auch diese frei von versteckten Forderungen sein. Die folgende Haltung ist dazu hilfreich:

«Ich schenke dir mein Vertrauen, meine Anerkennung, meine Liebe, weil ich es will, nicht weil ich eine gleichwertige Gegenleistung von dir erwarte.»

Die implizite Forderung an den Partner oder die Partnerin, die Erwartungen erfüllen zu müssen, bewirken letztlich das Gegenteil.

Aussagen wie «Ich bin nur glücklich, wenn du bei mir bist» lösen beim Adressaten oder bei der Adressatin eine Schwere aus, die nicht zu verdauen ist. Diese Aussage ist keine Liebeserklärung, sondern nimmt den Partner oder die Partnerin als Geisel und setzt ihn oder sie unter Druck. Dieser Druck belastet. Die Aussage bedeutet im Umkehrschluss: «Wenn du nicht bei mir bist, bin ich unglücklich!» Deshalb erreicht man mit dieser Aussage genau das Gegenteil von dem, was man beabsichtigt hat: Eigentlich möchte man den Partner oder die Partnerin an sich binden, tatsächlich vertreibt man ihn oder sie. Ein fataler

Irrtum mit schweren Konsequenzen, denn wer sein Glück externalisiert, handelt nicht selbstachtsam. Deswegen weist ein solcher Satz auf einen eher tiefen Selbstwert hin. Daraus kann mit der Zeit ein Glaubenssatz entstehen, der stetig wirkt.[36] Die Selbstachtsamkeit wird sabotiert. Respektvoller wäre die Aussage: «Ich fühle mich in deiner Gegenwart auch sehr glücklich!» Der Unterschied liegt auf der Hand. Diese Person fühlt sich grundsätzlich glücklich. Sie hängt nicht vom Gegenüber ab und artikuliert in einer verständlichen, bedingungslosen Art und Weise ihr Glücksgefühl. Implizit sagt diese Person, dass sie auch sonst glücklich ist. Die Wertschätzung der gegenwärtigen Präsenz kommt dabei zum Ausdruck. Dieser Satz ist auch Ausdruck der Freude. Er schafft Beziehungstiefe. Tendenziell lassen diese beiden Aussagen auch auf die potenziellen Belastungen schliessen, die auf jeweiligen Partner/Partnerinnen zukommen. Im ersten Beispiel ist dieses Potenzial ungleich höher als im zweiten, denn wenn erst einmal die Bereitschaft, sich abhängig zu machen, zum Tragen kommt, werden weitere folgen. Der innere, nicht aufgearbeitete «Müll» wird unbewusst auf den Partner oder die Partnerin übertragen. Solange das Gegenüber wohlwollend mitmacht, besteht kein Grund zur Trennung. Dies dürfte aber nur eine Frage der Zeit sein, da die Freiräume umso stärker eingeschränkt werden, je stärker der Partner oder die Partnerin klammert. Auf die Dauer ist dies sicherlich keine Lösung. Eine Partnerschaft kann keine Therapie sein. Die Grundlage einer guten Partnerschaft liegt darin, dass beide für sich selbst und für sich als Paar herausfinden, was ihre

---

[36] Glaubenssätze sind eigene Konstrukte, die gebetsmühlenartig wiederholt und somit zur unhinterfragten Überzeugung werden. Selbstachtung bedeutet hier, die eigenen Urteile über sich selbst zurückzunehmen und verstehen zu lernen, dass das eigene Wesen zu wertvoll ist, um es auf solche Glaubenssätze zu reduzieren.

Herzenswünsche sind, was ihrem Körper, ihrer Seele und ihrem Geist guttut. Die Aufgabe des Gegenübers ist nicht, das innere Feuer im anderen zu wecken – das muss man schon selbst entfachen. Dies wahrzunehmen, stärkt die Selbstachtung, indem man selbst die Verantwortung übernimmt. Die Verantwortung für sich selbst zu übernehmen, entlastet den Partner oder die Partnerin. Dies hilft, der Partnerschaft mehr Bedeutung zu geben. Deshalb ist die Partnerschaft auch eine sehr grosse Chance, weil die nahe Begegnung mit dem Partner ebenso eine Begegnung mit sich selbst darstellt. Sie bietet eine Gelegenheit, zusammen mit dem Partner oder der Partnerin mehr über sich selbst zu erfahren. Dazu sind Offenheit und die Bereitschaft nötig, die Beziehung mehr mit dem Herzen zu sehen als mit dem Verstand. Mit dem Herzen zu sehen, heisst, mit Liebe zu sehen, den Sinn in etwas sehen, der auf den ersten Blick vielleicht nicht ersichtlich ist. Die dazu notwendige innere Haltung besteht aus der Überzeugung, dass jede Beziehung Sinnvolles und Hilfreiches für das Leben beinhaltet. Selbstachtsamkeit beinhaltet auch, an diesen Erfahrungen nicht achtlos vorbeizugehen.

Da in der heutigen Zeit viele Partnerschaften auseinander gehen, ist es wichtig, auch im Fall einer sich abzeichnenden Trennung selbstachtsam zu bleiben, um auf einem gewissen Niveau kooperationsfähig zu bleiben. Dies gilt insbesondere dann, wenn gemeinsame Kinder aus der Partnerschaft hervorgehen. Aus diesem Grund muss klar unterschieden werden, wer sich trennt und wer nicht: Zwei erwachsene Menschen beenden ihre Beziehung zueinander. Ihre Rolle als Vater oder Mutter bleibt hingegen bestehen – letztendlich ein Leben lang.[37] Deshalb sollte das Paar sich in gegenseitiger Achtung und Würde trennen, auch wenn es schwierig ist. Die Trennung sollte in der grundsätzlichen Annahme geschehen, dass Jahre später erkannt werden wird, welche Perlen in der Beziehung verborgen waren. Perlen der Erkenntnisse, Perlen der Dankbarkeit und Perlen der Weisheit dürften sich zeigen und als Präsent da sein. Bei dieser Sichtweise zeigt sich ein sehr hoher Anspruch, der in der Realität nur selten anzutreffen ist. Dies ist jedoch längst kein Grund, es nicht zu versuchen und diese Haltung als eine Art Kompass zu nehmen, als einen gemeinsamen Orientierungspunkt, der wesentlich dazu beitragen kann, die Beziehung auf Augenhöhe abzurunden. So können sich die beiden später unter neuen Bedingungen und mit Respekt wieder begegnen.

Eine Trennung ist ein schmerzhafter Prozess und wird von Traurigkeit begleitet. Wie kann die Selbstachtsamkeit helfen, diesen Schmerz zu lindern, um möglichst resilient aus dem Tal der Tränen herauszukommen? Das erste Gebot lautet, den Kontakt mit dem Partner oder der Partnerin auf ein Minimum zu begrenzen. Dies gilt insbesondere dann, wenn man nicht die treibende Kraft der Trennung ist. Auf diese Weise kann man sich vor Verletzungen schützen. Wer sich selbst achtet, schützt sich auch selbst. Dies dient dazu, ein Selbstmitgefühl aufzubauen. Weiter geht es darum, die «Contenance» zu wahren und die Trennung nur mit den wichtigsten Vertrauenspersonen zu teilen. Auch die Inanspruchnahme professioneller Hilfe ist angesagt und selbstachtsam. Dies hilft, klarer zu sehen, strukturierter mit

---

[37] Selbst wenn das Kind vor den Eltern stirbt, besteht die Rolle als verinnerlichte Mutter oder verinnerlichter Vater weiterhin.

den Fragestellungen umzugehen und das Leid zu vermindern. Professionelle Hilfe ermöglicht eine verbesserte Trennung, während der weniger «dreckige Wäsche gewaschen» wird und zu viele Vorwürfe vorherrschen. Das Bewusstsein, dass beide Fehler in der Beziehung gemacht haben, die für den Partner oder die Partnerin schwierig waren, hilft, ein minimales gegenseitiges Verständnis zu schaffen und die Verantwortung zu teilen. So wird die Voraussetzung geschaffen, sich besser abzugrenzen. Dies unterstützt den eigenen Verarbeitungsprozess. Aus der Trennung können wir auch Mut schöpfen, nämlich den Mut, uns zu verändern oder die eigenen Wünsche zu leben. Die Veränderungen können sich im Inneren, aber auch im Äusseren manifestieren. Im ersten Fall können wir lange aufgestaute Themen angehen und diese endlich für uns lösen. Im zweiten Fall können wir beispielsweise eine neue Sprache erlernen, unseren Privatraum ummöblieren oder eine Reise unternehmen, die wir uns bisher nicht zugetraut haben.

Die Selbstachtsamkeit bewahrt uns davor, uns in einer Trennungsphase nur als Opfer zu sehen,[38] da sie die Einsicht schafft, dass wir uns auch selbst Leid zufügen, wenn wir uns als Opfer unseres Partners oder unserer Partnerin sehen.[39] Ohne es bewusst zu realisieren, werden wir dann nämlich vom Opfer zum Täter oder zur Täterin uns selbst gegenüber, indem wir das Hinterfragen der Opferhaltung unterlassen. Die

---

[38] Hilfreich sind dabei folgende Fragen: Will ich mich so behandeln lassen? Weshalb habe ich die Bereitschaft mich so behandeln zu lassen? Stimmt dies mit meiner Achtung vor mir selbst überein? Wer hat die Verantwortung dies zu ändern?
[39] Frei nach dem Motto: «Ich muss mir auch von mir nicht alles gefallen lassen!» Auch bei nicht selbstachtsamen Selbstgesprächen darf sich dieses Mottos bedient werden.

Selbstachtsamkeit lässt dies bewusstwerden, und sie stellt zudem den Wechseleffekt vom Objekt zum Subjekt sicher. Wir werden durch diesen Wechsel auch in der Trennung wieder handlungsfähig. Wir sehen, dass wir die Geschicke wieder in die eigene Hand nehmen können. Der Vorgang ist nicht zu unterschätzen, ist er doch auch mit konstruktiven und ermutigenden Gefühlen verbunden.

SELBSTACHTSAMKEIT, VERZEIHUNG, VERGEBUNG UND VERSÖHNUNG

Das Resultat der Vergebung kann man vergleichen mit einem Leben, das neu beginnt.

Unbekannt

Vergebung ist ohne Anfang und Ende.

Dietrich Bonhoeffer

Willst du einen Augenblick glücklich sein, räche dich.
Willst du ein Leben lang glücklich sein, schenke Vergebung.

Jean Baptiste Henri Lacordaire

Bevor auf das Thema in diesem Kapitel eingegangen wird, ist es wichtig, sich zuerst mit den Definitionen der Begriffe auseinanderzusetzen. Zudem ist es notwendig, für die Betrachtung der Selbstachtung auch das Wort «Selbst» vor die drei Begriffe «Verzeihung», «Vergebung» und «Versöhnung» zu setzen. Es wird im Zusammenhang mit Selbstachtung also auch von Selbstverzeihung, Selbstversöhnung und Selbstvergebung die Rede sein. Eine klare Definition und somit eine unverfängliche Abgrenzung der Begriffe lässt sich nicht genau vornehmen, da sie einerseits umgangssprachlich praktisch synonym verwendet werden und sich andererseits je nach Kultur oder selbst nach Alter der Menschen voneinander unterscheiden.

Die Bedeutung und die Abgrenzung der Begriffe sollen so genau erläutert werden, wie sie für das Verständnis des Kapitels dienlich sind.

Verzeihung

Verzeihung oder verzeihen entstand aus dem Wort «firzihan», was ungefähr im neunten Jahrhundert «versagen, verweigern» bedeutete. Die Bedeutung des heutigen Wortes bahnte sich im fünfzehnten Jahrhundert aus der Sprache des Rechts an, sich seines rechtlichen Anspruchs auf Wiedergutmachung zu verzeihen, darauf zu verzichten.[40]

Verzeihen bedeutet somit die Annahme einer Bitte um Entschuldigung, das Vergeben eines Fehlverhaltens. Sie setzt die Äusserung des Bedauerns eines eigenen Fehlers und die Bitte um Entschuldigung voraus. Der Fehler und die damit zusammenhängende Schuld können durch eine Handlung, eine Duldung oder auch durch eine Unterlassung entstehen. Die Bitte um Entschuldigung kann angenommen oder abgelehnt werden, sprich verziehen oder nicht verziehen werden.

---

[40] Für weitere Betrachtungen der Bedeutungsentwicklung von «Verzeihung, Vergebung und Versöhnung» sei auf die Website www.dwds.de verwiesen.

Vergebung

Im Wort Vergebung ist das Verb «geben» enthalten. Dieses stammt aus dem achten Jahrhundert vom Wort «geban» ab (hin- und darreichen, überlassen, schenken).

Die Vergebung hat mehrere Bedeutungen.[41] Hier ist «jemandem vergeben» im Sinn «jemandem verzeihen» gemeint. Um zu vergeben, muss man die negativen Gefühle überwinden, die sich gegen den Verursacher oder die Verursacherin richten. Nur eine der beiden Parteien hat sich gegenüber der anderen schuldig gemacht. Es ist eine einseitige Vergebung – im Gegensatz zur Versöhnung. Hierbei vergeben sich mindestens zwei Parteien gegenseitig, da alle schuldig geworden sind. Vergebung ist jederzeit möglich und bedingungslos. Martin bezeichnet Vergebung als Bereitschaft, «den Wunsch nach Bestrafung auf[zu]geben» (2014, S. 27). Er unterscheidet auch zwischen einer «wahren Vergebung» und einer «falschen Vergebung». Aus wahrer Vergebung resultiert ein Freiheits- und ein Leichtigkeitsgefühl. Freiheit und Leichtigkeit helfen, ein besseres Wohlergehen zu erreichen. Deshalb ermöglicht Vergebung einen Perspektivenwechsel und verbindet den Menschen mit dem Gefühl für den eigenen Wert. Die falsche Vergebung ist eine Vergebung, die letztlich keine ist, weil nicht wirklich vergeben wurde. Dies kann – neben anderen Entstehungsgründen – geschehen, wenn eine Vergebung nur vorgetäuscht ist. Wir tun nur so, als hätten wir vergeben, aber in Wirklichkeit grollen wir weiter. Die falsche Vergebung trennt uns vom Gefühl für den eigenen Wert, weil sie nicht selbstachtsam ist. Für Kübler-Ross

---

[41] Zum Beispiel eine Arbeit vergeben, einen Penalty vergeben oder ein Spiel vergeben beim Skatspiel.

war Vergebung «der Weg, unsere Verletzungen und Wunden zu heilen» (Kübler-Ross & Kessler, 2003, S. 221).

Für McKay und Fanning bedeutet Vergebung, offene Rechnungen als beglichen anzusehen. Diejenigen, die Schaden zugefügt haben, schulden einem nichts mehr und sind nicht mehr in einer moralisch schlechteren Position. Wer vergeben hat, hat «alle Bestrebungen nach Vergeltung, Entschädigung oder Rache aufgegeben» (McKay & Fanning, 2010, S. 106).

Im psychologischen Sinne ist Vergebung ein innerseelischer Vorgang, eine Bewältigungsstrategie, bei der die Person in der Opferhaltung die belastenden Folgen einer Verletzung bewältigt. Einsicht oder Reue des Täters oder der Täterin müssen dazu nicht vorhanden sein. Falls zwischen Täter und Opfer noch eine Beziehung besteht, kann diese weitergeführt oder beendet werden. Bei einer Beendigung findet trotz Vergebung keine Versöhnung statt; bei einer Fortsetzung ist die Versöhnung[42] Bedingung.

---

[42] Diese ist nur sinnvoll, wenn der Täter oder die Täterin Reue zeigt, um Wiedergutmachung bemüht ist und diese auch leistet.

Versöhnung

«Versöhnen» stammt von dem Verb «firsuonen» (ausgleichen, sühnen) ab. Dies lässt sich etwa ab dem 9. Jahrhundert nachweisen. Das Verb «versöhnen» entwickelte sich aus «versühnen», was so viel wie «einen Streit schlichten» oder auch «Frieden stiften» bedeutet.

Eine Versöhnung ist eine friedvolle Beilegung von Streitigkeiten zwischen zwei oder mehreren Menschen oder Konfliktparteien. Die Versöhnung beinhaltet die Vergebung. Sie dient dazu, von allen Verletzungen, die man einander angetan hat, frei zu sein und eine gemeinsame Zukunft zu erstreben. Sie ist Bestandteil einer Konflikt- und Vergangenheitsbewältigung und schafft die Grundlage zu einer neuen Vertrauensbildung. Sie kann Bedingungen enthalten. Es geht darum, die Beziehungen in gegenseitigem Respekt wiederherzustellen.

Wie in der Einleitung des Kapitels erwähnt, ist es aus der Sicht der Selbstachtung erforderlich, diese drei Begriffe auch für sich selbst anzuwenden.

Dabei können die obigen Definitionen herangezogen werden, erfahren aber zusätzlich folgende Ergänzungen:

a) **Selbstverzeihung**

   Selbstverzeihung heisst, sich selbst eine Entschuldigung anbieten und diese auch annehmen. Dies geschieht oft aufgrund einer vertieften Einsicht, dass zu diesem Zeitpunkt mit dem vorhandenen Wissen und den verfügbaren Mitteln nicht anders gehandelt werden konnte. Aus dieser Handlung resultierte ein Fehler, der aber nicht beabsichtigt war.

b) **Selbstvergebung**

   Die Person, die sich vergeben will, muss damit umgehen können, dass sie selbst schuld ist, und zwar unabhängig davon, ob sie selbst das Opfer ist oder andere. Selbstvergebung löst ein Gefühl der Erleichterung aus. Sie ist also nicht mit einer als Reue getarnten Selbstbestrafung zu verwechseln, zum Beispiel indem wir eine Wiedergutmachung leisten, die uns nicht nur etwas kostet, sondern schädigt. Wir vergeben, um uns selbst zu heilen. Ein sehr schwieriger Aspekt in der Selbstvergebung ist, sich selbst zu überzeugen, Vergebung zu verdienen. Hier kann die Selbstachtsamkeit einsetzen und helfen, die Dinge, die Schuldgefühle auslösten, objektiver, realitätsbezogener und verantwortungsabgrenzender zu sehen. Im Weiteren kann sie der Türöffner sein, sich selbst lieben zu lernen, Frieden in sich selbst zu finden und mehr in sich zu ruhen. Dazu braucht niemand vollkommen zu sein. Es geht «nur» darum, sich die Tür seines Herzens zu öffnen und einzutreten. Erst dadurch wird der Teppich zur Vollkommenheit gelegt.

Die Selbstvergebung stellt in der Regel keine einmalige Aktion dar, sondern entspricht eher einer Grundhaltung. Diese bewirkt, dass die bisherigen Selbstverurteilungen zurückgenommen werden und das Herz für sich selbst und das Leben geöffnet wird. Dies hilft, um mit Freude und Selbstvertrauen ruhig durchs Leben zu gehen: Man weiss schliesslich, was man an sich selbst hat.

Ziel der Selbstvergebung muss die Selbstversöhnung sein. Der Mensch will schliesslich auch weiterhin in einer guten Beziehung zu sich selbst stehen.

c) Selbstversöhnung

Selbstversöhnung setzt Veränderungsbereitschaft voraus, weil die Beziehung zu sich selbst neu oder anders gestaltet werden soll. Dies ist ein innerseelischer Prozess, der einen anderen, neuen Umgang mit sich selbst bewirken soll. Praktisch gesehen ist die Selbstversöhnung im Gegensatz zur Versöhnung bedingungslos, weil einerseits ein Gegenüber fehlt und andererseits selbstauferlegte Bedingungen den Prozess behindern könnten. Kübler-Ross unterschied nicht zwischen Vergebung und Versöhnung und schloss auch die Selbstversöhnung mit ein: «Vergebung ist der Weg, unsere Verletzungen und Wunden zu heilen, uns zu anderen und zu uns selbst wieder in Beziehung zu setzen» (2003, S. 221).

Um eine verbesserte Selbstachtung zu erarbeiten, ist es sinnvoller, die Begriffe zu unterscheiden, um psychodynamisch bewusster und behutsamer damit umzugehen.[43]

Um mit den Gefühlen der Vergangenheit umzugehen, nicht weiter durch sie bestimmt zu sein und um die Selbstachtung sicherzustellen, ist es wichtig, sich mit den nun definierten Themen zu beschäftigen. Wie aus den Definitionen hervorgeht, sieht dies nach einer herausfordernden Arbeit aus, die eine ehrliche Auseinandersetzung mit sich selbst, den eigenen Gefühlen, Emotionen, Verwicklungen und Mustern bedingt. Dabei müssen Kopf, Bauch und Herz mitarbeiten, denn es geht darum, dass wir selbstachtsam zu uns stehen und den inneren Frieden mit uns selbst und dem Bild, das sich andere Menschen von uns gemacht haben, schliessen. Wir müssen lernen, uns selbst und anderen zu verzeihen, die gemachten Fehler zu akzeptieren und zu entschuldigen, dass Menschsein automatisch auch heisst, Fehler zu machen.

Wir Menschen befinden uns in einem Lernprozess, haben unterschiedliche Startbedingungen in unserem Leben und sehen uns im Laufe des Lebens verschiedenen Herausforderungen ausgesetzt, denen wir uns stellen müssen. Demut kann hier helfen, ein neues Verständnis für die eigene Begrenztheit und die der anderen zu entwickeln. Diese Sichtweise führt zu einer Rückbesinnung und Akzeptanz der Unvollkommenheit des Menschen und ruft Freude über all das, was gelingt, hervor. Es ist deshalb auch keine Schwäche, wenn wir in einem Gespräch

---

[43] So sollte beispielsweise bewusst entschieden werden, ob nach einer Vergebung auch eine Versöhnung gewünscht wird.

um Entschuldigung bitten, wenn uns ein verletzendes Wort über die Lippen kam oder das Gegenüber sich von uns verletzt fühlt. Den eigenen Fehler einzugestehen, zeugt eher von innerer Stärke. So können wir uns bei uns selbst entschulden. Für die Selbstachtung ist sekundär, ob die Entschuldigung angenommen wird oder nicht – wir machen uns nicht von der Verzeihung abhängig. Wesentlich für die Selbstachtung ist vielmehr, ob das Angebot authentisch und in echter Reue erfolgte. Im Verantwortungsbereich unseres Gegenübers liegt die Entscheidung, die Entschuldigung anzunehmen und uns zu verzeihen – oder eben nicht.

Gut gemeinte Ratschläge wie «Stell dich nicht so an!», «Nimm es nicht persönlich!» oder «Sei nicht so empfindlich!» helfen nicht weiter, da wir so unsere Verletzung gar nicht anerkennen können: Bei diesen und ähnlichen Sätzen geht ja gerade darum, das eigene Gefühl als nicht wichtig genug abzustempeln. Wenn wir diesen Ratschlägen folgen, lassen wir uns selbst im Stich und sabotieren unsere Integrität. Deswegen verhindern solche Ratschläge die **Selbstverzeihung**, sodass wir unseren inneren Frieden nicht schliessen können.

Die Vergebung und die **Selbstvergebung** sind für die Selbstachtung von zentraler Bedeutung. Warum? Weil sich der Mensch oft selbst verletzt und die Vergebung letztlich dem Verletzten mehr bedeutet und hilft als dem Verletzenden. Wenn wir uns selbst und anderen nicht vergeben, klammern wir uns an alte Wunden und machen uns zu deren Sklaven. Wir geben uns die Freiheit nicht, wieder zu dem zu werden, wer wir sind. Uns selbst und anderen nicht zu vergeben, bedeutet, dass wir uns weiterhin über Fehler definieren und uns selbst bestrafen. Alle verletzten Menschen sollten sich dieses Umstands bewusstwerden und ihn auf sich wirken lassen …! Es stellen sich dann erst einmal verschiedene Fragen wie «Weshalb vergebe ich nicht, wenn es mir nachher besser gehen würde?», «Welchen Preis bezahle ich dafür?», «Welche Vorteile ziehe ich aus meiner unnachgiebigen Haltung?», «Konnte, wollte oder darf ich nicht vergeben?», «Warum hat Gott nicht vergeben?»[44], «Ist es einfacher, für mich weiterzuleiden als zu vergeben?», «Gehe ich in dieser Frage selbstachtsam mit mir um?».

Diese Fragen bedürfen einer ehrlichen Antwort. Die Gründe, nicht zu vergeben, können mannigfaltig sein, beispielsweise die kontraproduktive Annahme, «durch Vergebung das verletzende Verhalten gutzuheissen». Dies ist eine falsche Annahme, da es nicht um ein Gutheissen geht, sondern um ein Loslassen der Verletzung. Es handelt sich um ein Vergeben um unserer selbst willen und somit auch um eine Wiederherstellung der Selbstachtung. Wir vergeben uns selbst oder einer Person, wir entschuldigen aber nicht die Tat oder das verletzende Verhalten!

Ein weiterer Grund ist, wie oben in der Definition erwähnt, den «Wunsch nach Vergeltung» – oder anders ausgedrückt – «den Wunsch nach Rache» nicht aufgeben zu wollen. Dadurch wird die Vergebung blockiert. Um diese Blockade zu lösen, können wir uns vor Augen führen, dass wir unsere Verletzung nur mit gleicher Münze zurückzahlen. Auge um Auge – Zahn um Zahn: Unsere Handlung befindet sich damit auf demselben Niveau wie die Handlung, die uns verletzt hat. So erniedrigen wir uns selbst und haben möglicherweise auch noch Schuldgefühle deswegen.

---

[44] Was Gott tut oder sein lässt, können Menschen nicht sicher wissen. Wer sich also diese Frage stellt, geht vielleicht einfach von falschen Voraussetzungen aus: Vielleicht hat Gott uns unser Verhalten bereits vergeben.

Dazu kommt, dass wir unsere Verletzung nicht loslassen können. Deshalb ist die Vergeltung keine selbstachtsame Alternative, sondern eine mit Selbsterniedrigung verbundene Selbstbestrafung.

Auch die bewusst oder unbewusst übernommene Opferrolle kann ein Grund sein, nicht zu vergeben. Wir können uns eine solche Rolle selbst aneignen oder der Sichtweise anderer Menschen zustimmen, die uns als Opfer sehen. Wenn wir unser Opfer-Sein so internalisiert haben, dass wir es nicht mehr loslassen können, weil wir uns dann unsicher fühlen, werden wir nur schwer vergeben können. Als designierte Opfer können wir uns selbst Vorwürfe machen, statt die entsprechende Beziehung zu reparieren oder auf ein selbstachtsameres Niveau zu heben. Designierte Opfer leben im Glauben, nichts Besseres zu verdienen und sich mit Dingen abfinden zu müssen, die ihnen nicht guttun. Die Perspektive, sich etwas Positives im Leben zu schaffen, fehlt ihnen. Wenn sie hingegen sich und anderen vergeben, könnten sie Autonomie zurückgewinnen und wieder als selbstbestimmte Menschen handlungsfähig werden. Sie könnten eine nötige Aggression im Sinne einer Selbstbehauptung[45] entwickeln, die Herausforderung angehen und gedeihen. Sie könnten zu sich selbst stehen und agieren, ohne Schuld und Scham[46] und erkennen, dass sie nicht an der Verletzung kleben müssen.

---

[45] «Selbstbehauptung heisst, den eigenen Wünschen, Bedürfnissen und Werten Rechnung tragen und dies in angemessener Weise praktisch zum Ausdruck zu bringen» (Brandon, 2011, S. 141).
[46] Schuld und Scham sind zwei wichtige Gefühle, die für die Selbstvergebung zentral sind.

Schmerzhafte Gefühle vermeiden oder wahre Gefühle ignorieren – so können wir der notwendigen Vergebung ebenfalls ausweichen. So akzeptieren wir nicht, wie schmerzhaft eine Situation war, oder führen den Vergebungsprozess nicht ganzheitlich durch, weil wir ihn nur kognitiv (den Verstand betreffend) erfassen: «Ich entscheide mich zu vergeben, und damit hat sich's!» Wut, Hass, Groll, Ohnmacht, Trauer oder Angst werden ignoriert. Die Selbstverletzung besteht weiterhin. Deshalb ist es sinnvoll, dass wir die Urteile über uns selbst zurücknehmen und verstehen, weshalb wir bisher nicht anders mit uns selbst umgehen konnten.

In der Folge geht es darum, sich neue, selbstachtsame Wege zu erschliessen – frei vom Schuldgefühl, «nicht so gut zu sein, wie man gerne möchte».

Wie in obiger Fussnote erwähnt, sind Schuld und Scham zwei wichtige Gefühle für die Selbstvergebung. Entwicklungspsychologisch betrachtet ist Scham der Zwilling von Stolz. Stolz wird hier in dem Sinn verstanden, dass wir ein Wohlgefühl empfinden, am Leben zu sein. Wir fühlen Lust, eigenständig durchs Leben zu gehen. Die Entstehung dieser Gefühle hilft uns zu verstehen, wie diese wirken und wie mit ihnen umzugehen ist. Es kann festgehalten werden, dass gemäss Posth (2009) Stolz zu innerer Ausgeglichenheit, Selbstbewusstsein[47] und Selbstregulation führt, Scham hingegen zu Selbstschutz und innerem Leidensdruck. Während der Entstehung der Persönlichkeit geht es mitunter auch bei diesen Gefühlen um die «ewig unvermeidbare Aufgabe der sich fortentwickelnden Persönlichkeit, negative Selbstaspekte mit

---

[47] Hier verstanden als «Selbstvertrauen».

positiven möglichst harmonisch auszugleichen» (Posth, 2009, S. 248). Da der Säugling die Mutter als Teil der eigenen Personensphäre empfindet und sich daher eine Art «Leih-Selbst» bildet, kann er die empfundenen Gefühle noch nicht als die seinigen wahrnehmen. Erst in der Loslösungsphase beginnt das Kleinkind, sich diese Gefühle selbst zu zuordnen. In dieser Loslösungsphase[48] verlässt das Kleinkind die Mutter-Kind-Dyade und somit das Leih-Selbst. Dies passiert etwa zwischen dem zweiten und dritten Lebensjahr, und das Kleinkind beginnt, die Gefühle von Stolz und Scham als seine eigenen wahrzunehmen. Im Alter von drei bis vier Jahren beginnt das Kind in der sozialen Gemeinschaft auch den «wertsetzenden Charakter» (Posth, 2009, S. 263) der Gefühle zu begreifen, indem es ein Bild der entscheidenden Bezugspersonen (im Normalfall der Eltern) verinnerlicht. Das Kleinkind beginnt mit dem Selbst- und Eigenlob bei positiver Anerkennung der Eltern und auch mit Selbstzweifel und Selbstkritik bei häufigem Tadel. Das Kleinkind bewertet sich in dieser Phase praktisch so, wie es glaubt, von seinen entscheidenden Bezugspersonen bewertet zu werden. Es fehlt ihm ein selbstgewonnenes, kognitives Bewertungsschema. Mit fortschreitender geistiger Reifung lernt das Kind, was «gut» und «schlecht», «brav» oder «böse» ist. Ein eigenes Bewertungsschema erwirbt es sich erst später, vor allem im Austausch mit der sozialen Gruppe der Gleichaltrigen. «Erst im Kindergartenalter und dann vor allem in der Schule beginnt sich die allgemein-gesellschaftliche Werteordnung dem Kind vollständig zu vermitteln» (Posth, 2009, S. 264).

---

[48] Die Loslösungsphase fällt weniger trotzig aus, wenn die Bindung zwischen Mutter und Kind gut gelungen ist.

Die Scham ist vermutlich ein «angeborenes» Gefühl, um die menschliche Persönlichkeit im sozialen Kontext vor Blossstellung zu schützen. Deshalb dürfte der Stolz nach der Loslösung nach und nach das Gefühl der Scham mindern – ähnlich wie dies mit der Ur-Angst durch Vertrauen im ersten Lebensjahr geschieht.

Verläuft das Leben ungünstig, kann sich Scham im Erwachsenenalter auch in Trauer und Verbitterung verwandeln. Stolz als Freude und Lust am Leben kann ein Leben lang bleiben. Wenn das Kind durch heftigen Tadel und sogar durch Strafe gemassregelt wird, kann sich seine ausgleichende Wut nicht mehr nach aussen richten, sondern sie richtet sich aus Angst nach innen. Bei einem schwachen verinnerlichten Selbstbild des Kindes kann dies bei häufigem Vorkommen zu Trauer führen. Trauer ist die Enttäuschung des Kindes über die eigene Unterlegenheit. Es fühlt, dass es von der strafenden Bezugsperson abgelehnt wird.[49] Trauer ist in diesem Beispiel auch unerwiderte Liebe, da das Kind die Strafenden liebt.

Vor diesem Hintergrund kann die Aussage gemacht werden, dass Stolz die Vergebung und auch die Selbstvergebung positiv beeinflussen kann. Er hilft, sich der Vergebung mutig zu stellen, die positiven Seiten des nicht einfachen Prozesses zu sehen und wieder freier durchs Leben zu gehen. Sich selbst zu vergeben, heisst auch, sich auf die eigenen, sozial geprüften Wertmassstäbe zu besinnen und nicht auf diejenigen, die durch eine verfehlte Erziehung erzeugt wurden. Wir müssen diese oft divergenten Wertvorstellungen bewusst unterscheiden – ohne

---

[49] Unabhängig davon, wie die Strafe erfolgt (anschreien, einsperren, sich abwenden, Liebe entziehen oder schlagen).

Groll auf die Eltern, denn diese wurden auch erzogen und konnten in diesem Moment nicht anders.

Schuldig fühlt sich der Mensch, wenn er etwas Schlechtes getan hat. Er verurteilt sich deswegen. Das Schuldgefühl ist «ein nach innen gerichtetem Zorn, der aufsteigt, wenn wir gegen unsere Glaubenssysteme verstossen haben» (Kübler-Ross & Kessler, 2003, S. 118). Um eine Schuld empfinden zu können, sind verschiedene Voraussetzungen nötig: Wir müssen zuerst soziale Regeln verstehen und anerkennen. Diese müssen wir höher bewerten als unsere eigenen Bedürfnisse. Dazu müssen wir erkennen, dass ein fehlerhaftes Handeln eine persönliche Verantwortung gegenüber der Gemeinschaft zur Folge hat. Die Schuldgefühle beziehen sich auf eine Handlung. Sie unterscheiden sich somit von den Schamgefühlen, die sich auf die Person beziehen. Wer sich schämt, fühlt sich schlecht. Wer sich schuldig fühlt, hat etwas getan, was er selbst als schlecht empfindet. Von Schuldgefühlen kann sich der Schuldige befreien, indem er die Selbstverurteilung und auch den Wunsch, sich selbst zu bestrafen, loslässt.[50] Eine Bitte um Entschuldigung und eine Wiedergutmachung sind angesagt. Um die Scham loszulassen, müssen wir uns wohlwollend mit den Anteilen in uns auseinandersetzen, die als schwach oder schädlich beurteilt werden.

Vielleicht gibt es nach dem Vergebungsprozess Fragen, die nur ansatzweise oder noch nicht beantwortet werden können. Hier helfen die Worte des Dichters Rainer Maria Rilke: «…und ich

---

[50] In besonderen Situationen kann es auch helfen, etwas Gemeinnütziges – quasi als «Busse» oder «Wiedergutmachung» – zu tun, damit der Wunsch nach Selbstbestrafung abgelegt werden kann (z. B. Arbeit in einer Reha-Klinik nach einem verursachten Autounfall mit Verletzten).

möchte Sie, so gut ich es kann, bitten, lieber Herr, Geduld zu haben gegen alles Ungelöste in Ihrem Herzen und zu versuchen, *die Fragen selbst* liebzuhaben wie verschlossene Stuben und wie Bücher, die in einer sehr fremden Sprache geschrieben sind. Forschen Sie jetzt nicht nach den Antworten, die Ihnen nicht gegeben werden können, weil Sie sie nicht leben könnten. Und es handelt sich darum, alles zu leben. *Leben* Sie jetzt die Fragen. Vielleicht leben Sie dann allmählich, ohne es zu merken, eines fernen Tages in die Antwort hinein» (Rilke, 1997, S. 44).

Nach der Vergebung kommt die Versöhnung, sofern diese gewünscht ist. Oben wurde aufgezeigt, dass die Versöhnung an Bedingungen geknüpft werden kann, die **Selbstversöhnung** tendenziell nicht. Bedingungen für die Versöhnung zu stellen, hilft dann, wenn es darum geht, den gegenseitigen Respekt sicherzustellen. Wir können einer Person vergeben, aber es bedarf klarer Bedingungen, wie wir in Zukunft miteinander umgehen wollen. Auf diese Weise vermeiden wir, dass wir immer und immer wieder verletzt werden. Dies gilt insbesondere für den Fall, wenn wir beispielsweise mit dieser Person weiter zusammenarbeiten müssen. Versöhnung hängt somit auch immer vom Verhalten des oder der anderen ab. Schwierig wird es, wenn die Person beispielsweise bereits verstorben ist. Wenn wir uns mit einem verstorbenen Menschen versöhnen wollen, können wir uns mit dem verinnerlichten Bild, das ja immer noch existiert, auseinandersetzen. Eine Versöhnung mit der inneren Repräsentanz des- oder derjenigen, die uns verletzt hat, ist möglich. Dasselbe gilt auch für die Selbstversöhnung. Wenn wir unser Bild in uns tragen, das wir verachten und für das wir uns schämen, können wir uns vergeben. Wir versöhnen uns mit dem Bild von damals, obwohl unser heutiges Verhalten und unser heutiger Umgang nichts mehr mit dem früheren Bild zu tun hat. Der Gedanke, «sich weiter entwickelt zu haben», ist hilfreich, wenn wir uns daran erinnern, wie es früher war.

Als Beispiel sei hier das Kindheitsbild eines Erwachsenen genannt, der als kleiner Junge ein Mädchen drangsalierte, das ihm gefiel. Die Versöhnung des Erwachsenen mit diesem Bild ist möglich. Der Prozess, der zur Selbstversöhnung führt, lässt den Erwachsenen auch lernen, dass er für seine Fehler die Verantwortung trägt, er aber nicht der Fehler ist. Dasselbe gilt für die damals entstandenen Schuldgefühle. Er *hatte* sie, aber *war* sie nicht. Diese Bewusstwerdung ist – so einfach sie klingt – nicht zu unterschätzen. Sie ist die Grundlage für die eigene Erkenntnis, dass Gefühle veränderbar sind. Die Gleichsetzung der eigenen Person mit den Gefühlen beginnt zu erodieren.

SELBSTACHTSAMKEIT, MITGEFÜHL, MITLEID UND EMPATHIE

Wer sich nicht zu viel dünkt, ist viel mehr, als er denkt.

Johann Wolfgang von Goethe

Das Mitgefühl mit allen Geschöpfen ist es, was den Menschen erst wirklich zum Menschen macht.

Albert Schweitzer

Das grosse Mitgefühl, das mit einer Einheitserfahrung aufbricht, wird als die bewegende Kraft des Universums erfahren.

Willigis Jäger

Vor dem Hintergrund der Selbstachtsamkeit sollen nun die Begriffe «Selbstmitgefühl», «Selbstmitleid» und «Selbstempathie» untersucht werden.

Mitgefühl und Mitleid

Um die nachfolgenden Ausführungen nachzuvollziehen, müssen die Begriffe näher erklärt und voneinander abgegrenzt werden. Sowohl Mitgefühl als auch Mitleid sind keine Charakterzüge, sondern Fertigkeiten, die erlernbar und somit auch veränderbar sind. Beides sind emotionale Reaktionen. Damit hat es sich im Wesentlichen mit den Gemeinsamkeiten dieser beiden Begriffe. Mitgefühl ist die Fähigkeit und auch die Bereitschaft eines Menschen, die Gefühle eines anderen Menschen wahrzunehmen, nachzuempfinden und zu verstehen. Menschen wissen, dass das Leid und der Schmerz der anderen Person nicht die eigenen sind. Somit droht ein Mitfühlender auch nicht im Schmerz des anderen zu versinken, da er eine hilfreiche Distanz bewahrt. Mitleid ist die Fertigkeit, am Schmerz und Leid anderer Menschen Anteil zu nehmen. Damit besteht die Gefahr, keine Distanz mehr zu bewahren und den Schmerz und das Leid des anderen zu den eigenen zu machen. Dies führt wiederum dazu, tendenziell nicht mehr handlungsfähig zu sein. Je nachdem ob wir Mitgefühl oder Mitleid gegenüber einer anderen Person empfinden, bemerken wir an uns selbst weitere, psychodynamische Auswirkungen.

Im Folgenden werden die Unterschiede zwischen Mitgefühl und Mitleid aufgelistet.

Mitgefühl (mit-fühlen)

- Durch die Fähigkeit, sich in die andere Person einzufühlen, kann mit der Person mitgefühlt werden.
- Mitgefühl führt zur Frage, **ob und wie** unterstützt werden kann.
- Das Schicksal der betroffenen Person bleibt ihr eigenes.
- Der Mitfühlende bleibt handlungsfähig und in Zeugenschaft.[51]
- Mitgefühl führt zur Einsicht, dass nur geholfen werden kann, wenn die andere Person dies will.

---

[51] In Zeugenschaft meint, dass die mitfühlende Person in der Lage bleibt, eine reflektierende Metaebene einzunehmen («Was braucht diese Person und was brauche ich selbst, damit ihr geholfen werden kann?»).

- Die oft unbewusste, gefühlsmässige Bewertung der Situation erfolgt nicht («Oh je, der Arme ...»).

Mitleid (mit-leiden)

- Durch die Fähigkeit mitzuleiden, leidet die Person mit der Betroffenen mit, weil sie sich emotional mit dieser verbindet.
- Die Handlungsfähigkeit der mitleidenden Person wird eingeschränkt respektive stark vermindert, da sie nicht mehr in Zeugenschaft ist (siehe untenstehendes Beispiel eines Arztes).
- Die mitleidende Person erhebt den Anspruch, dass das Gehörte oder Beobachtete tatsächlich dramatisch, schwierig oder gar unlösbar ist.
- Die Verknüpfung zwischen der empathischen Reaktion und der helfenden Handlung des Mitleidenden ist **zwingend**.

Während die mitfühlende Person Subjekt bleibt (autonom, selbstbestimmt und handlungsfähig), macht sich der mitleidende Mensch– meist unbewusst oder automatisch aus der Situation heraus – zum Objekt (abhängig, fremdbestimmt und nur noch beschränkt handlungsfähig bis handlungsunfähig).

Dies sei am Beispiel eines Arztes illustriert, der im Notfallwagen an eine Unfallstelle kommt. Es wurde ein schwerverletzter Motorradfahrer gemeldet. Der Arzt kennt den schwerverletzten Mann nicht, verrichtet in einer mitfühlenden Art und Weise professionell seine Arbeit. Wenn er jedoch auf die Unfallstelle kommt und feststellt, dass der Schwerverletzte sein einziges Kind ist, wird er zuallererst – und dies ist eine ganz normale, menschliche Reaktion – schockiert Mitleid entwickeln. Er wird in seiner professionellen Arbeit beeinträchtigt, wahrscheinlich nur noch beschränkt handlungsfähig, ja vielleicht sogar handlungsunfähig sein.

Für alle helfenden Menschen ist es aus diesen Überlegungen heraus absolut notwendig, eine mitfühlende, nicht aber eine mitleidende Haltung einzunehmen. Das Leid wird nicht kleiner, wenn der Helfende mitleidet! Es wird aber sicherlich kleiner, wenn sich der Betroffene durch die freundliche, hilfsbereite und fürsorgliche Haltung des Mitfühlenden getragen fühlt.

Woran lässt sich erkennen, ob eine Person mitfühlt oder mitleidet? Welche Anzeichen gibt es? Die folgende Gegenüberstellung soll die Unterscheidung erleichtern.

Mitgefühl (mit-fühlen)

- Die Situation wird nicht bewertet, sondern so angenommen, wie sie ist.
- Es wird Anteil genommen, ohne sich mit den Betroffenen zu identifizieren.
- Hoffnung und Zuversicht begleiten die Mitfühlenden ständig.
- Die Mitfühlenden bleiben in einer aktiven Rolle und überlegen, was getan werden kann, um die Lage zu verbessern.

- Mitfühlende sind überzeugt, dass sie etwas tun und somit unterstützen können.

⇨ Betroffene fühlen sich ernst genommen und unterstützt. Das Mitgefühl tröstet und ermutigt sie.

Mitleid (mit-leiden)

- Die Mitleidenden bewerten die Situation – oft auch unbewusst.
- Sie verbinden sich emotional stark mit der leidenden Person und ihrem Leiden. Die Zeugenschaft geht dadurch verloren.
- Die Mitleidenden haben in diesem Moment keine Hoffnung auf Linderung des Leidens, dadurch entsteht ein Gefühl der Hilflosigkeit. Sie werden deswegen unglücklich und traurig.

⇨ Diese Haltung leistet den Betroffenen keinen Dienst, da sie das Mitleid spüren und sich dadurch bemitleidenswert und auch bedauernswert fühlen.

Diesen Ausführungen kann entnommen werden, dass bezüglich Achtsamkeit nur die mitfühlende Haltung tatsächlich selbstachtsam ist, während die mitleidende Haltung die Selbstachtsamkeit negativ beeinflusst.

Mitgefühl soll nicht nur gegenüber anderen, sondern auch gegenüber sich selbst entwickelt werden. Beim Mitleid ist es hingegen angezeigt, vorsichtig mit sich selbst umzugehen, da Selbstmitleid letztlich nicht selbstachtsam ist.

Selbstmitgefühl

Beim Selbstmitgefühl geht es darum, die oben beschriebenen Aspekte auch auf sich selbst zu beziehen. Es geht darum, sich selbst in einer freundschaftlichen, liebevollen und fürsorglichen Haltung zu begegnen. Im Selbstmitgefühl wendet sich der Mensch sich selbst annehmend zu. Er kümmert sich aktiv um sich selbst, um aus einer schwierigen oder auch schmerzlichen Lage herauszukommen. Das Selbstmitgefühl verbindet das Individuum mit sich selbst und steigert damit auch die Fähigkeit, das Herz für andere zu öffnen. Selbstmitgefühl befreit und verstärkt eine innere Kraft, die hilft, sich selbst aufzubauen, zu trösten, und den eigenen Bedürfnissen und Gefühlen mit mehr Wohlwollen und Zuwendung zu begegnen. Warum sollten wir mit uns selbst nicht so einfühlsam und verständnisvoll umgehen wie mit dem besten Freund? Genau diese Frage hilft, wenn uns selbst ein Fehler passiert und sich der innere Kritiker wieder zu Wort meldet! Wir sollten unsere bisher für andere eingesetzten Fähigkeiten nun auch für uns selbst einsetzen ... das tut schlicht und einfach gut! Anders gesagt: Warum nicht Freundschaft mit sich selbst schliessen?

Dazu folgende, hilfreiche Überlegung: Angenommen, Sie machen einen Fehler bei der Arbeit und hadern am Abend zu Hause mit sich selbst. Nun stellen Sie sich vor, Ihrem besten Freund wäre dasselbe passiert, und er würde Ihnen ganz genau von diesem Missgeschick erzählen. Was würden Sie ihm antworten?

An dieser kleinen Intervention lässt sich gut nachvollziehen, wie nützlich es in der Praxis sein kann, verständnisvoll und einfühlsam mit sich selbst umzugehen, ja die Beziehung zu sich selbst wohlwollender und achtsamer zu gestalten.[52] Selbstmitgefühl bedeutet, einen liebe- und respektvollen Umgang mit sich selbst zu pflegen: sich selbst zu verstehen, zu akzeptieren, zu verzeihen und zu vergeben.

An welchen Gedanken kann Selbstmitgefühl erkannt werden? Zur Antwort seien einige genannt:

- Es ist gut so, wie ich bin;
- ich bin nicht allein, denn ich bin auch für mich da – genauso wohlwollend, wie ich es für andere bin;
- ich darf, kann und will zu meinen Gefühlen stehen;
- ich darf weinen und lachen, wann immer mir danach ist;
- ich kann – gerade auch an schwierigen Dingen – wachsen;
- es wird auch aus dieser Situation einen Ausweg geben;
- wie auch immer die Geschichte endet – mein wahres Wesen nimmt keinen Schaden.

Das Selbstmitgefühl ist eine Fertigkeit, die gelernt und somit auch verändert werden kann. Für viele Menschen ist der Begriff des «Mitgefühls für sich selbst» eher fremd. Sie hängen der Idee an – und unsere Leistungs- und Vergleichsgesellschaft fördert dies –, dass Selbstkritik anspornt und Verbesserungen primär nur dann möglich sind, wenn wir hart gegen uns selbst sind. Aus der Hirnforschung ist jedoch bekannt, dass Selbstkritik eher als Bedrohung erfahren wird. Das Stresszentrum im Gehirn, die

---

[52] Wem dies noch nicht hilft, seien folgende drei Fragen zur Verfügung gestellt: Wieso würde ich meinen besten Freund nicht gnadenlos kritisieren, wie ich dies mit mir selbst tue? Weshalb tue ich mir das selbst an? Will ich dies beibehalten oder ändern?

Amygdala, wird aktiviert. Die Amygdala ist ein mandelförmiger Komplex aus Nervenzellen, der dafür sorgt, dass wir Angst und Stress erleben. Wenn wir jedoch mitfühlend und fürsorglich mit uns umgehen, wird das Neurohypophysenhormon Oxytocin ausgeschüttet. Dieses sorgt dafür, dass Furcht und sorgenvolle Gedanken abnehmen. Allein diese Überlegungen begründen die Veränderung, mit selbstkritischen Gedanken Schluss zu machen und Gedanken zur Stärkung des Selbstmitgefühls zuzulassen. Für ein erfolgversprechendes Vorgehen sind folgende Empfehlungen zu berücksichtigen:

- Ich will aufhören, mich selbst dauernd zu vergleichen, zu bewerten und zu verurteilen;
- ich lerne, mich selbst so zu akzeptieren, wie ich bin – mit all meinen Stärken, Schwächen, Fehlern, Unzulänglichkeiten und Grenzen;
- ganz bewusst erkenne ich, dass ich mehr bin als die Person, für die ich mich halte. Ich bin mehr als das, wofür ich mich verurteile;
- ich schliesse Freundschaft mit mir und nehme die Haltung eines guten, wohlwollenden Freundes, der es gut mit mir meint, ein;
- ich spreche mir selbst tröstende Worte, Kraft und Mut zu, wenn ich in einer schwierigen Situation bin;
- ich stehe zu meinen Gefühlen und vertraue meiner Intuition.

Mitgefühl ist aus dem Blickwinkel der Selbstachtung nur dann voll entwickelt, wenn es in gleichem Masse sowohl auf andere als auch auf sich selbst bezogen werden kann.[53]

Selbstmitleid

Selbstmitleidige Menschen verharren in einer Objekthaltung. Häufig lehnen sie sich selbst ab, weil sie sich als bemitleidenswert empfinden. Wer im Selbstmitleid versinkt, entfernt und isoliert sich von anderen. Solche Menschen neigen zu Passivität und nehmen die notwendige Verantwortung und Achtung für sich selbst nicht mehr wahr. Sie fühlen sich als Opfer ihrer Umwelt und sind überzeugt, «dass ja eh nichts geändert werden kann». Deswegen geraten Menschen, die sich selbst bemitleiden, in die oben erwähnte Objekthaltung. Sie sind sich der Konsequenzen ihrer Entscheidung nicht bewusst. Aus diesem Grund wissen sie auch nicht, dass nur sie selbst diesen Entscheid verändern können. Ihnen diese Tatsache aufzuzeigen, desillusioniert sie und hilft ihnen, wieder handlungsfähig zu werden. Sie verstehen dann den Preis ihrer Opferrolle (Passivität, Abhängigkeit, Selbstmissachtung) und können nachvollziehen, welche eigenen Anteile sie an dieser Entscheidung haben. So können sie aus ihrer Opferrolle treten und ihr Leben wieder selbst gestalten – eine grosse Hilfe für die Betroffenen. Sehr oft sind sie für die Veränderung dieser Eigenanteile von niemand anderem abhängig, ausser von sich selbst. Dies weil es primär um ihre Einstellung zu sich selbst geht. Sicherlich ist es richtig, sich die nötige Hilfe zu holen, wenn dies erforderlich erscheint. In der wieder gewonnenen

---

[53] Dies deswegen, weil ein Ungleichgewicht (entweder mehr Mitgefühl für sich selbst oder mehr Mitgefühl für andere) die Selbstachtung schwächt.

Subjektrolle geraten Menschen auch nicht mehr in die Versuchung, anderen die Schuld zu geben. Andere zu beschuldigen, passiert vornehmlich in der Opferrolle, da selbstmitleidige Menschen oftmals unbewusst hoffen, dass andere die Probleme für sie lösen. Solange dies unbewusst geschieht, kann dieser Person keine Absicht unterstellt werden. Wenn dies jedoch bewusst erfolgt, wäre wohl die Absicht erkennbar, andere in ihren Dienst stellen zu wollen. Dies zeugt weder von einer Haltung der Gleichwertigkeit noch von einer Verantwortungsübernahme für die eigenen Belange.

Sich für das Selbstmitleid zu entscheiden, birgt die Gefahr, sich letztlich selbst zu schädigen. So machen wir uns selbst zum passiven Objekt. Aus dieser Haltung erwächst Hoffnungslosigkeit, die zu noch mehr Selbstmitleid führt. Der Beginn einer unnützen Negativspirale ist somit garantiert. Wir entziehen uns wie selbstverständlich und unhinterfragt unsere Kraft. Deshalb ist es wichtig, Selbstmitleid zu erkennen und mit Selbstmitgefühl Gegensteuer zu geben. Folgende Gedanken weisen auf Selbstmitleid hin:

- Das Leben ist unfair mit mir;
- es ist alles mein Fehler;
- warum passieren immer nur mir solche Dinge?;
- ich bin ein Verlierer;
- etwas stimmt nicht mit mir;
- alle sind gegen mich!;
- ich bin eh weniger Wert als andere;
- Gott meint es nicht gut mit mir;
- ich war immer der Verlierer.

Empathie und Selbstempathie

Im Zusammenhang mit Mitgefühl wird oft der Begriff der «Empathie» verwendet. Dieser kann auf Deutsch mit Einfühlungsvermögen umschrieben werden und beinhaltet die Fähigkeit des Menschen, sich in einen anderen Menschen «hineinzuversetzen». Die Basis für das gegenseitige, emotionale Verständnis bildet das System der Spiegelneuronen. «Die Fähigkeit, Mitgefühl und Empathie zu empfinden, beruht darauf, dass unsere eigenen neuronalen Systeme – in den verschiedenen Emotionszentren des Gehirns – spontan und unwillkürlich in uns jene Gefühle rekonstruieren, die wir bei einem Mitmenschen wahrnehmen» (Bauer, 2006, S. 51). Den anderen in seinen Gedanken und Gefühlen verstehen zu können, wird zudem durch gutes Zuhören, Fragen-Stellen und Werturteile-Beiseitelassen erlangt. Empathie beinhaltet jedoch nicht Einverständnis oder Zustimmung. Sie ermöglicht vielmehr, die Logik hinter den Handlungen des anderen zu sehen und diese wertfrei zu verstehen. Wenn wir die Fähigkeit, uns in jemand anderen einzufühlen für uns selbst anwenden, kann von Selbstempathie gesprochen werden. Dabei geht es insbesondere darum, die eigene Stimmung sowie eigene Gefühle und Emotionen wahrzunehmen: «Bin ich in der Stimmung, über etwas zu reden, wenn ich die dazu notwendige Ruhe in mir nicht verspüre?» Möglicherweise müssen wir uns manchmal auch eine Auszeit nehmen: «Ich bin so wütend, ich muss mich zuerst beruhigen, bevor ich in die nächste Sitzung gehe.» Selbstachtsam ist es, die eigene Gefühlslage wahrzunehmen, entsprechend zu handeln und sich nicht zu übergehen.

SELBSTACHTSAMKEIT UND SPIRITUALITÄT

Der Mensch kann nicht leben ohne das dauernde Vertrauen zu etwas Unzerstörbarem.

Franz Kafka

Wäre nicht das Auge sonnenhaft,
die Sonne könnte es nie erblicken,
Läg nicht in uns des Gottes eigne Kraft,
wie könnt uns Göttliches entzücken?

Johann Wolfgang von Goethe

Des Menschen Sehnsucht geht dahin, ein Ganzes und Vollkommenes zu erkennen.

Thomas von Aquin

Für den Begriff der Spiritualität gibt es keine einheitliche Definition. Er stammt vom lateinischen Substantiv «spiritus» ab und heisst so viel wie «Geist» oder «Hauch». In der positiven Psychologie wird Spiritualität als die «Suche nach dem Heiligen» umschrieben (Candreia M. , 2021). Am ehesten kann Spiritualität als kirchlich unabhängiger, persönlicher Glaube umschrieben werden, der sich auf die Lebensführung und die ethischen Vorstellungen des Individuums auswirkt. In der Spiritualität wird versucht, das Unerklärliche zu integrieren. Aus diesen Überlegungen kann abgeleitet werden, dass es wohl auch eine Lebensaufgabe des Menschen darstellt, sich im Laufe des Lebens eigene, persönliche Antworten zu geben – etwa im Sinne von «Wie nehme ich Stellung zu Themen, die den Menschen übersteigen?» oder anders formuliert «Wie nehme ich Stellung zu Aspekten, die nicht begreifbar sind?». Begreifbar wird hier im Sinne von «physisch nicht greifbar», aber auch im Sinne von «kognitiv nicht-verstehbar» verstanden. Spiritualität beinhaltet auch die Suche nach Antworten auf Dinge, die nicht beantwortbar sind. Fragen wie «Gibt es Gott?» oder «Gibt es ein Leben nach dem Tod?» suchen nach einer individuellen, persönlichen Haltung dazu, die das Leben des Individuums beeinflusst. Möglicherweise – und das ist nicht abwertend zu verstehen – ist sie auch ein Hilfskonstrukt, um mit der Tatsache umgehen zu können, dass es etwas Grösseres, das die Fähigkeit des Menschen übersteigt, gibt. Ja, vielleicht sogar eine Sehnsucht des Menschen zu diesem Grösseren, Absoluten besteht. Sehnsucht wird hier im Sinne des Hingezogen-Seins verstanden, als Ausdruck einer Kraft, die zur Einzigartigkeit eines jeden Menschen drängt. Der Mensch wird bei Geburt von seiner Mutter getrennt, mit der er vorher eine Einheit bildete. Fromm meinte, dass «das tiefste Bedürfnis des Menschen demnach sei, seine Abgetrenntheit zu überwinden und aus dem Gefängnis seiner Einsamkeit herauszukommen» (Fromm, 2001, S. 19). Er entwickelte daraus seine Überlegungen zur Liebe als aktiver Kraft. Aus diesem Getrenntsein entsteht auch eine Sehnsucht nach Einheit, eine Sehnsucht nach der eigenen Vollkommenheit/ oder Ganzheit. Hier kann eine Art «zum Menschen gehörende, unbewusste Kompensation» vermutet werden, die darauf basiert, dass der Mensch im Mutterleib die Erfahrung einer symbiotischen Beziehung macht, denn der Fötus ist eins mit seiner Mutter. Dies ist nach der Geburt nicht mehr der Fall. Deshalb fühlen Menschen die kompensatorische Sehnsucht – sie wollen wieder ganz werden.[54] Der Mensch dürfte somit mehr

---

[54] Siehe dazu auch Aristophanes' Rede über den Eros in Platons *Gastmahl*.

von seiner Sehnsucht gezogen werden, als ihm dies bewusst ist. Sehnsucht heisst aber auch Entgrenzung, weil sie auf etwas zielt und sich der Mensch dadurch öffnen muss: anderen und sich selbst gegenüber. Sie schafft eine Beziehung zwischen endlichen und unendlichen Fragestellungen im Leben und ist ein sehr hilfreiches Mittel, um besser mit der Endlichkeit des Lebens umzugehen.[55] Aus ihr resultiert die Liebe und die Suche nach dem Lebenssinn. Zudem verhilft sie zu seelischem Wachstum.

Eine noch sehr junge Disziplin in der Gehirnforschung nennt sich Neurospiritualität. Hier wurden Veränderungen der Spiritualität bei Leuten untersucht, die Gehirnoperationen vor- und hinter sich hatten. Dabei konnte die spirituelle Erfahrung im Hirn lokalisiert werden. Sie befindet sich im ältesten Teil des Gehirns und heisst «periaquäduktales Grau». Dies ist ein Areal im Hirnstamm. Der Forscher Michael Adam Ferguson zeigte sich überrascht, da er die Spiritualität in einem anderen Teil des Gehirns vermutete: «Ich hatte bisher angenommen, dass Spiritualität eher in äusseren und evolutionär gesehen jüngeren Bereichen des Gehirns verortet werden könne» (2021). Was dies nun bedeutet, muss noch weiter erforscht werden. Es darf aber angenommen werden, dass die Spiritualität tief im Menschen verwurzelt ist. Die Hirnregion, in der sich die Spiritualität befindet, ist ebenfalls für die Angst- und Schmerzregulierung, den Altruismus (Uneigennützigkeit, Selbstlosigkeit) und die Fluchtreflexe zuständig. Diese Hirnregion steht in einer Anti-Korrelation mit einem Netzwerk, das mit Rationalität und Logik zu tun hat. Diese Anti-Korrelation kann man sich so vorstellen, dass sich die

---

[55] Diese Aussage wird noch brisanter und bedenkenswerter, wenn man sich überlegt, dass der Mensch ohne seinen Willen geboren wird und in den meisten Fällen gegen seinen Willen sterben muss.

Gehirnaktivitäten in der einen Region in dem Moment intensivieren, wenn sie in der anderen zurückgehen. Es besteht also keine Konkurrenz, sondern eine Art Balance zwischen diesen Regionen. Ferguson vermutet bei einem Rückgang der Spiritualität, «dass ein Mensch in dem Fall neu stärker rational orientiert durch die Welt geht und seine Erfahrungen weniger spirituell oder intuitiv deutet» (Candreia M. , 2021). Rationalität und Spiritualität stehen in wechselseitiger Beziehung zueinander.

Die Forschung der Neurospiritualität dürfte auch insofern weiterhin interessant sein, als sie vermutlich auch zu besseren Heilungsprozessen führen kann. Ferguson meint, dass Achtsamkeit ein gutes Beispiel dafür sei: «Aus der Achtsamkeitsforschung wissen wir, dass bestimmte Übungen bestimmte Hirnareale stimulieren. Und das kann gegen Krankheitssymptome eingesetzt werden, die dieselben Areale betreffen» (Röther, 2021).

Was hat denn nun Spiritualität mit Selbstachtung zu tun? Wir müssen zuerst einmal überhaupt herausfinden, was Spiritualität für uns selbst bedeutet. Dazu bieten sich folgende Fragen an:

- An was glaube ich?
- Wann gebe ich spirituellen Gedanken Raum?
- Verdränge ich die Fragen der Spiritualität, oder suche ich nach Antworten?
- Gibt es etwas, was uns Menschen übersteigt?
- Wann, wo und wie erfahre ich dies?

Diese Fragen können bei der Suche nach unserer persönlichen Spiritualität helfen, Antworten zu finden. So können wir unsere Spiritualität neu oder anders leben. In diesem Bereich setzt die Selbstachtung ein, sich dies zu geben, was dazu benötigt wird, um zur eigenen Spiritualität zu stehen, und zwar unabhängig davon, was andere darüber denken – ohne dogmatisch zu sein oder andere von den eigenen Ansichten überzeugen zu wollen. Natürlich ist die eigene Spiritualität nichts Fixes, sondern Veränderungen unterworfen: Ansichten ändern sich, Erfahrungen werden gemacht, die verschiedenste spirituelle Aspekte in einem anderen Licht erscheinen lassen. Mit diesen selbstachtsam umzugehen, ist eine Aufgabe.

Als Beispiel sei eine junge Frau erwähnt, die von ihrem Arzt die Mitteilung erhielt, dass sie keine Kinder bekommen könne. Als allererstes war dies ein Schock für sie: Ihre Welt brach zusammen. Sie empfand dies als eine Zäsur in ihrem Leben. Sie war gefordert, ihre Pläne zu ändern. Dies gelang ihr insbesondere dadurch, dass sie sich nicht mehr mit der Aussage des Arztes erniedrigte, sondern sich die folgende Frage stellte: «Was will das Leben mit mir, wenn es mir meinen Kinderwunsch verweigert?» Natürlich war dies ein Prozess mit verschiedenen Auf- und Abs, aber letztlich war dieser Umgang mit der gleichen Tatsache wesentlich selbstachtsamer, als sich dadurch weniger wertvoll zu fühlen. In diesem Sinne war es für sie auch ein spiritueller Weg, der ihr half, ihr Leben neu auszurichten und die Sehnsucht nach einem Kind einfach anders zu lösen: Sie schulte sich zur Kindergärtnerin um.

SELBSTACHTSAMKEIT UND DIE ENDLICHKEIT DES LEBENS

Klägliche Narren, die wir sind!
Nur einen Augenblick haben wir zu leben,
und den machen wir uns so schwer, wie wir können.

Friedrich II

Unser wahres Wesen ist göttlich.

Willigis Jäger

Der gegenwärtige Augenblick ist die einzige Zeit, über die ich verfüge.

Thich Nhat Hanh

Selten wird Selbstachtsamkeit mit der Endlichkeit des Lebens in Verbindung gebracht und noch seltener mit dem Tod, dem Ereignis, das das irdische Leben beendet. Können wir das Thema also getrost bei Seite lassen? Oder ist es das Salz in der Suppe? Welche neuen, tiefergehenden Erkenntnisse würden daraus für die Selbstachtsamkeit resultieren? Der auf den ersten Blick banale Vergleich mit dem Salz in der Suppe wird bereits auf den zweiten Blick etwas tiefgründiger und auch reflexionswürdiger. Eine Suppe ohne Salz schmeckt fade. Wie schmeckt ein Leben ohne Ende? Schneider-Gurewitsch meinte: «Erst der Tod macht das Leben wertvoll» (2020, S. 136). Ein Leben, das nicht durch den Tod begrenzt wird, verliert seinen

Wert, weil es aller Ziele, Aufgaben und Bedeutung beraubt ist.[56] Die zeitliche Begrenzung macht das Leben kostbar und wird dadurch in jedem Zeitpunkt des Lebens wertvoller, gehaltvoller, rein durch die Tatsache, dass es in jedem Moment zu Ende sein kann. Einem endlosen Leben würde seine Spannung entzogen, die ihm durch die Endlichkeit zukommt (bspw. Dinge jetzt zu realisieren, weil es irgendwann zu spät sein kann). Der Tod kann als eine konstitutive (grundlegend wertvolle) Bedingung für unsere Lebenspläne aufgefasst werden. Ein guter Tod wird als ein wichtiger Teil eines guten und gelingenden Lebens angesehen.

Der Tod kann sich also in jeder Sekunde ereignen, obwohl sich wohl alle wünschen, dem Leben noch eine gewisse Zeitspanne hinzufügen zu können. Dies gilt für einen alten Menschen wie auch für ein kleines Kind. Daraus ergibt sich eine Dynamik, die den Menschen beeinflusst. Dieser Einfluss kann bewusst erlebt werden, wenn wir zum Beispiel an unser Lebensende denken, oder unbewusst wie in der meisten Zeit des Lebens.[57] Der Mensch lebt von Geburt an auf den Tod hin, er ist sich dessen ab einem gewissen Zeitpunkt in seinem Leben auch bewusst und bildet sich eine Meinung dazu. Ein allzu früher oder gewaltsamer Tod wird als nicht wünschenswert angesehen. Ein Tod im hohen Alter, der ein erfülltes Leben beschliesst, wird hingegen kaum mehr als ein Übel wahrgenommen. Ab einem bestimmten Zeitpunkt verliert der Tod seinen Schrecken. Dies trifft in Fällen grosser Schmerzen oder bei unheilbaren Krankheiten zu. In der

---

[56] Vom endlosen Leben ist die Annahme, dass es ein Leben nach dem Tod gibt, zu unterscheiden. Auf dieses wird weiter unten eingegangen.
[57] Das ist grundsätzlich auch gut so. Wäre es anders, wäre es wohl zu belastend für den Menschen.

heutigen Diskussion gibt es grundsätzlich drei Positionen des guten Sterbens:

a) das sanfte Sterben (palliativmedizinische Sterbebegleitung),
b) das selbstgewählte, autonome Sterben (aktive oder passive Sterbehilfe) oder
c) das unverkürzte, nicht beeinflusste Sterben (Horn, 2006).

Gegen alle drei Positionen können Bedenken eingebracht werden (Organspendedruck [a und b], wahrer Wille versus vorläufigen Willen [b] und sinnlose, langanhaltende Schmerzen [c]). Horn fragt sich, ob hinter diesen drei doch sehr divergierenden Positionen ein allgemein zu akzeptierendes Prinzip für gelingendes Sterben steht. Er kommt zu folgendem Schluss: «Für ein Sterben in Würde scheint es aus der Perspektive des gelingenden Lebens (aber auch moralphilosophisch!) grundlegend, dass sich der Sterbende sicher sein kann, dass kein Erwartungsdruck auf ihm lastet» (2006, S. 39). Im Sinne einer guten Problemlösung schlägt er vor, dass der Arzt auf der Lebensschutzseite bleiben muss und im Zweifelsfall zugunsten der Interventionsfreiheit entschieden wird.

Während des Sterbeprozesses kann man zumindest dem Anliegen der Leidensbekämpfung und Schmerzlinderung so weit entgegenkommen, wie man die palliativmedizinische Vorgehensweise mit den Prinzipien der *Duplex-effectus*-Lehre[58] (unter anderem Thomas von Aquin) in Übereinstimmung bringen

---

[58] Thomas von Aquin führt den Gedanken am Beispiel einer Notwehrsituation aus (siehe Summa Theologica 2,2 q. 64).

kann: Eine Handlung mit einer guten Wirkung (Schmerzlinderung) ist auch bei einer zweiten, schlechten Wirkung (Lebensverkürzung) moralisch akzeptabel, wenn die gute, nicht aber die schlechte Wirkung intendiert ist, ferner wenn der Gütecharakter der guten Wirkung das Übel der schlechten Wirkung überwiegt und schliesslich wenn die schlechte Wirkung nicht Mittel zur Erreichung der guten Wirkung ist. Diese Bedingungen scheinen sich vielfach erfüllen zu lassen (Horn, 2006, S. 40).

Aus diesen Überlegungen lässt sich ableiten, wie aus der Sicht des gelingenden Lebens und des gelingenden Sterbens gehandelt werden kann. Die Frage der Selbstachtsamkeit kann ebenfalls daraus abgeleitet werden, da sich diese als ein zutiefst moralischer Begriff versteht. Somit kann ein selbstbestimmter Tod nicht als selbstachtsam bezeichnet werden, auch wenn er dem innersten Wunsch des Individuums entspricht. Ebenso ist eine Ablehnung lebensverkürzender Massnahmen nicht selbstachtsam, weil sie dem Bedürfnis, schreckliche und möglicherweise sinnlose Schmerzen zu vermeiden, widerspricht. Die palliativmedizinische Lösung unter Berücksichtigung der oben zitierten Duplex-effectus-Lehre kann somit aus der Perspektive der Selbstachtsamkeit als vertretbare Alternative bezeichnet werden.

Eine andere, wichtige Fragestellung in diesem Zusammenhang ist die Angst vor dem Tod. Eine Frage, die zum Menschsein gehört, denn – wie bereits festgehalten wurde – ist der Mensch ein soziales Wesen. Sein Tod bedeutet somit auch immer ein Ausscheiden aus der Familie, der engeren oder erweiterten sozialen Gruppe. Er gehört nicht mehr dazu, kann keinen Beitrag zum grösseren Ganzen mehr leisten und schliesst sich selbst, ohne dagegen etwas unternehmen zu können, mit dem finalen Atemzug aus der Gemeinschaft aus. Diese Gemeinschaft hat ihm bei seiner Geburt und während der ersten Lebensjahre das Überleben gesichert. Auf diese Angst vor dem Tod und was sich dahinter verbergen kann, wird weiter unten vertiefter eingegangen.

Ein weiterer Aspekt, ist das Bilanzziehen am Lebensende.

- Habe ich mein Leben gelebt?
- Welche Beziehungen gaben mir Kraft, welche belasteten mich?
- Wie ging ich mit mir und anderen um?

Solche und ähnliche Fragen stellen sich dem oder der Sterbenden. Die Antworten finden sich während der Rückschau auf das eigene Leben. Je nachdem, wie das Leben gelebt wurde, fallen die Antworten unterschiedlich aus. Sie beeinflussen die Möglichkeit, die Dinge loszulassen. Gemeint ist damit, die Kontrolle darüber abzugeben und sich selbst zu vergeben.

Bereits bei diesen einführenden Überlegungen und den nicht abschliessend aufgezählten Aspekten stellt sich die berechtigte Frage, was denn nun selbstachtsamer sei: sich bewusst mit dem eigenen Tode auseinanderzusetzen oder sich diese Gedanken höchstens sporadisch, ohne eine tiefere Auseinandersetzung zu machen. Der Mensch hat die Wahl, sich zu entscheiden. Diejenigen, die sich tendenziell wenig oder gar nicht mit dem Thema befassen, blenden eine Tatsache aus, die sie und damit ihre nächsten Angehörigen irgendwann einmal betreffen wird. Selbstachtsam heisst, sich und anderen gegenüber achtsam zu sein und sich den Aufgaben – auch wenn sie noch so schwierig und in letzter Konsequenz nicht vollumfänglich antizipierbar sind – zu stellen. Dies soll in jenem Umfang geschehen, wie es für diesen Menschen und sein betroffenes, engstes Umfeld stimmig ist. In jedem Fall sollte der oder die Sterbende die Akzeptanz des eigenen Todes in dem Mass erarbeitet haben, dass ihm oder ihr bewusst ist, dass der Tod nicht abgewendet werden kann. Diese Erkenntnis führt bei vielen Sterbenden dazu, dass sie das Leben loslassen können. Loslassen ist auch hier nicht im Sinne eines «Einverstanden sein Müssens» gemeint, sondern bezeichnet die klare Einsicht und das grosse Verständnis, dass letztendlich der Tod und die Vergänglichkeit zum Leben gehören. Diese Einsicht hilft, den Tod als Grenze zu akzeptieren und befreit gleichzeitig zum Leben. Nach dem Tod kann alles, was zu schwer erscheint, zurückgelassen werden.

Wer sich tiefer mit dem eigenen Tod auseinandersetzt, kann mehr Lebensqualität erfahren. Diese Menschen erkennen durch diesen Prozess, wie sie verschiedenste Dinge in einem anderen Licht sehen können. So beginnen sie, dem Tod einen Sinn zu geben: Der Tod erneuert das Leben, oder er macht den Wert des Lebens fühlbar. Sie begreifen das Leben anders, geben sich die Grundlage, es als ein Wunder zu sehen, und schätzen dessen Wert höher ein, gerade auch in schwierigen Zeiten. Die Lebensqualität bestimmt sich vielmehr durch das Wachstumspotenzial als durch den Vergleich mit anderen. Sie erleben die Gegenwart vertiefter und dadurch entsteht Demut. Aus einer Position der Demut erkennen wir die menschliche Besonderheit mit all ihren Potenzialen und Unvollkommenheiten an. Demut ist in sich eine Aufforderung zur Selbstachtung und eine Tugend. Sie führt zu einer realistischen Einschätzung unserer Bedeutung. «Realistische Selbsterkenntnis und Demut ist ein Wortpaar und kein Gegensatz. Wogegen sich Demut richtet, ist nicht die Selbsterkenntnis, sondern die unrealistische Überbewertung der eigenen Bedeutung» (Maio, 2018, S. 160). Die Beschäftigung mit der Endlichkeit des Lebens und die daraus resultierende Demut bewahren den Menschen vor einer Überbewertung seiner Bedeutung und somit vor der Arroganz. Der selbstachtsam demütige Mensch geht im Wissen um seine Fähigkeiten und sein Zutun durchs Leben, ohne diese zu überschätzen. Er ist weder selbstherrlich noch überheblich und erlebt die Schwierigkeiten des Alltags als eine Aufgabe, die vor dem Hintergrund der Endlichkeit nicht mehr so gravierend sind. Sein innerer Halt hilft ihm, ohne Angst vor Gesichtsverlust oder Sorge um die Ehre getragen zu sein.[59] Er lernt, sein Tun und Wollen weder zu überschätzen noch sich darauf etwas einzubilden. Der Wert als Mensch und der Wert einer Fähigkeit oder einer Leistung werden entkoppelt.[60] Demut heisst in diesem Sinne, den Erfolg nicht zu verherrlichen. Wenn der Sterbende Bilanz zieht, wird er sich nicht fragen, welche Erfolge er erzielt oder wieviel er gearbeitet hat, sondern ihn werden die folgenden Fragen beschäftigen:

- Wurde ich geliebt?
- Habe ich genügend geliebt?
- Welche Beziehungen sind mir gelungen, welche nicht?
- Wie war meine Beziehung zu mir selbst, zu meiner Familie, zu Gott?

---

[59] Dies ist auch eine spezielle Rolle der Selbstachtung, diesen inneren Halt zu schaffen – für sich selbst und gegen den Druck der Mehrheitsmeinung.
[60] Selbstachtung erlaubt es einer Person, «sich losgelöst von ihrem Bedürfnis nach Status- und Leistungsanerkennung durch andere zu schätzen» (Wolf, 1997, S. 373).

- Wie gehen meine Nächsten mit meinem Tod um?
- Wie geht es für meine Nächsten ohne mich weiter?

Diese Fragen zielen primär auf das ureigenste Menschsein ab und nicht auf das Geleistete. Die Einsichten, die daraus resultieren, helfen dem Menschen und relativieren verschiedene Ziele oder Ereignisse im Leben – unabhängig davon, welche Rollen gelebt wurden. Sie helfen dem Menschen, seine Lebensqualität zu verbessern und das Gewicht auf die Dinge zu legen, die seinem innersten Wesen entsprechen. So widersteht er den Versuchungen, sich vom Lob anderer abhängig zu machen oder andere zu beeindrucken. Diese Fähigkeit, aus einem sicheren Ereignis der Zukunft für den jetzigen Moment zu lernen, ist eine sehr selbstachtsame Haltung. Sie hilft, Antworten auf die Fragen am Lebensende zu finden und senkt das Risiko, dass am Ende Reue entsteht. Zudem bewirkt und hilft sie, das Unvermeidliche auf eine respektvolle und behutsame Art und Weise zu integrieren. Sie lässt den Menschen die Dinge mit einem klareren Blick auf die Wirklichkeit sehen und ermutigt ihn, dankbar zu seiner eigenen Unvollkommenheit zu stehen und sich selbst dabei wertvoll zu fühlen. Aus diesen Überlegungen kann getrost abgeleitet werden, dass der Tod wohl unser grösster Lehrer sein kann. Dies wird auch durch folgendes Zitat und eine nachfolgende Geschichte untermauert: «Sterben und Tod ist eine Herausforderung für das Leben und bleibt letztlich etwas Geheimnisvolles, ein Mysterium. Es ist ein letztes, definitives und irreversibles Lassen» (Lattmann, 2018, S. 100).

Die folgende Geschichte findet sich bei Kübler-Ross und Kessler (2003, S. 35 - 36) und wird hier zusammengefasst:

Ein Mann, dessen Grossmutter schwer erkrankt war, fiel es schwer, sie gehen zu lassen. Er nahm seinen Mut zusammen und sagte ihr: «Nana, ich glaube nicht, dass ich dich gehen lassen kann.» «Mein lieber Junge», antwortete sie, «ich habe mein Leben vollendet, es war voll, ein Ganzes. Ich weiss, dass du mich so sehen musst, als wäre nicht mehr viel Leben in mir, aber ich versichere dir, ich habe viel Leben auf meine Reise gebracht. Wir sind wie ein Kuchen: ein Stück davon geben wir unseren Eltern, ein Stück unseren Geliebten, ein Stück unseren Kindern, und ein Stück geben wir unserer Karriere. Am Ende des Lebens haben manche Menschen kein Stück für sich selbst übrig – und wissen nicht einmal, was für ein Kuchen sie gewesen sind. Ich weiss, was für ein Kuchen ich bin; das ist etwas, das jeder für sich herausfindet. Ich kann dieses Leben verlassen mit dem Bewusstsein, wer ich bin.» Als der Mann diese Worte hörte, konnte er sie gehen lassen. Für ihn klang dies vollendet und er sagte ihr, dass er hoffe, so zu sein wie sie, nämlich zu wissen, wer er sei, wenn seine Uhr geschlagen habe. Sie neigte sich zu ihm, als wollte sie ihm ein Geheimnis anvertrauen, und sagte: «Du musst nicht warten, bis du stirbst, um herauszufinden, was für ein Kuchen du bist …»

Die Angst vor dem Tod

Die Angst vor dem Tod hat viele Gesichter. Sie kann die verschiedensten Gestalten annehmen:

- Fürchten wir den Tod oder das Sterben?
- Haben wir gar Angst vor Schmerzen?
- Angst vor dem Ungewissen?
- Angst vor Bedeutungslosigkeit?
- Angst vor dem Getrenntsein?
- Angst vor Sinnlosigkeit?
- Angst zu verlieren, was man hat?
- Angst vor Kontrollverlust?

Diese Fragen repräsentieren nur einen Bruchteil jener Ängste, die den Menschen in dieser konkreten Situation bewegen. Selbstachtsamkeit heisst in diesem Moment, dass wir uns die Fragen ehrlich beantworten, die uns beschäftigen. Die Antworten geben Aufschluss über die dahinterliegenden Ängste und helfen, diese aufzulösen. Dies kann mit einem Gegenüber erfolgen, dem der Sterbende vertraut. Es kann eine geliebte oder befreundete Person, ein Pfarrer, eine Mitarbeitende im Hospiz oder eine Sterbebegleiterin sein. Diese Ängste zu klären, wirkt sich befreiend auf den sterbenden Menschen aus. Es ist in der heutigen Zeit nicht selbstverständlich, dass in dieser Lebensphase jemand da ist. Umso wertvoller ist hier die Arbeit der ehrenamtlichen Sterbebegleitenden zu erwähnen, die schon durch ihre Präsenz den Sterbenden beruhigen. Das Gefühl, dass jemand da ist, löst diese Beruhigung aus. Dieses Da-Sein und das Zuhören bewirken einen zwischenmenschlichen Moment des «Nicht-allein-Seins» in dieser schwierigen Situation. Die

Begleitung wertet nicht und verfolgt keine eigenen Absichten. Dies kann für den sterbenden Menschen auch hilfreich sein, der so die eigene Wahrheit über das nahende «Land der unbeantwortbaren Fragen» herausfindet. So lässt sich die Angst vor dem Sterben vermindern. Dies gilt auch für die Authentizität der Begleitperson, die ihre eigenen Gefühle in diesen verschiedensten Situationen wahrnimmt. Diese helfen, mit den Gefühlen des sterbenden Menschen in Beziehung zu sein. Diese Resonanz führt zu einem tieferen Verstehen und einer umfassenderen Achtung. Diese Gefühle spielen mitunter die Hauptrolle in einer verständnisvollen Begleitung. Für Trostlosigkeit ist dann überhaupt kein Platz.

Ängste können in der Zeit zwischen dem Erhalt einer Diagnose einer unheilbaren Krankheit und dem Tod immer wieder in verschiedensten Intensitäten aufkommen. Diese in der Gewissheit anzunehmen, nicht diese Angst zu sein, sondern diese «nur» zu haben, ist ein erster wichtiger Schritt einer selbstachtsamen Herangehensweise. Menschen, denen die Selbstachtsamkeit nicht fremd ist, haben im Laufe ihres Lebens ein Vertrauen entwickelt, dass der Zustand der Angst und die Intensität dieses Gefühls auch wieder vergehen. Ihre eigene Resilienz ist stärker. Es stellt sich die Frage, wie sich dies erreichen lässt. Das folgende Kapitel gibt einen Einblick in einen selbstachtsamen Umgang mit dem Tod.

Selbstachtsame Auseinandersetzung mit dem eigenen Tod

Mors certa, hora incerta – der Tod ist gewiss, aber unsicher die Stunde: Die Beschäftigung mit dem eigenen Tod ist selbstachtsam, da das Lebensende eine Tatsache ist, die nicht verändert werden kann. Im Folgenden sollen ermutigende Überlegungen, hilfreiche Gedanken und konkrete Schritte aufgeführt werden.

Die Auseinandersetzung mit dem eigenen Tod ist ein Prozess, der bei einer reflektierten Lebensweise zu einer Ermutigung für das Leben führt. Sie trägt zu mehr Selbsterkenntnis bei, indem sie Antworten auf die wichtigen Fragen gibt:

- Was will ich?
- Was ist mein Lebensziel?

Die Beschäftigung mit solchen Fragen befreit und hilft, sich auf das Wesentliche zu fokussieren. Somit wird dem Aspekt, in der Gegenwart, im Hier und Jetzt zu sein, mehr Raum gegeben. Die Bedeutung des jetzigen Momentes wird vertieft. Dies gilt auch für die eigene Präsenz in Raum und Zeit. Aussagen wie «Heute ist der erste Tag des Rests meines Lebens» werden nicht mehr negativ bewertet, denn jeder Tag wird aus dieser Optik als ein Geschenk gesehen. Mit jedem Tag können wir lernen und Neues integrieren. Jana Haas, eine hellsichtige Autorin, hat dies in ihrem Buch «Jenseitige Welten» wie folgt umschrieben: «Im Jenseits sind wir eine reine emotionale Seelenschwingung ohne die Möglichkeit der Selbstwahrnehmung. Deshalb müssen wir als geistige Wesen von Zeit zu Zeit irdische Erfahrungen machen, um uns wahrzunehmen und zu wachsen» (Haas, 2015,

S. 95). Letztendlich ist es eine spirituelle Frage, was der Mensch glaubt oder nicht. Die Vorstellung, jemand zu sein, der sich erst durch das irdische Leben wahrnimmt und zu persönlichem Wachstum gelangt, ist vor dem Hintergrund der Endlichkeit ein nützlicher und somit auch hilfreicher Gedanke.

Sich mit dem eigenen Tod auseinanderzusetzen, hat zum Ziel, ein inneres Einverständnis mit der eigenen Endlichkeit entstehen zu lassen: ein bewusstes «JA» zum Tode und zur eigenen Vergänglichkeit. Diese Haltung ist selbstachtsam. Weshalb? Weil der Tod garantiert sicher ist – wahrscheinlich die einzige Sicherheit, die wir haben. Diese Tatsache zu ignorieren oder darüber hinwegzusehen, ist Selbstbetrug und bietet nur einen vermeintlichen Schutz auf einer unnützen Seite. Diese Haltung hat mit der Realität nichts zu tun und verstärkt eine Scheinlogik, die den Menschen in einer imaginären Sicherheit wiegt. Diese besteht letztendlich nicht. Diese innere Flucht vor dem Unausweichlichen bildet eine sich immer weiter vergrössernde Distanz zum Tod und somit zur bewussten Wahrnehmung des Lebens selbst. Alles, was im Leben erlebt wird, verliert an Wert, weil die Einzigartigkeit und die Einmaligkeit des Moments verloren gehen. Mit der Zeit haftet man sich zwanghaft an diesen Gedanken, weil die Ermutigung fehlt, sich dieser unausweichlichen Realität zu stellen. Die dahinterliegende, individuelle Angst vor dem Tod wird dadurch aufrechterhalten, ja sogar verstärkt. Das Konstrukt der Scheinsicherheit hält an. Man weicht vor einer Auseinandersetzung mit dem Tod aus, der kommen wird. Diese Tatsache zu ignorieren, ist nicht selbstachtsam.

Menschen, die sich hingegen bewusst mit dem eigenen Tod auseinandersetzen, nehmen auch die «kleinen Tode» im Leben sensibler wahr. «Sich verabschieden» ist ein gutes Beispiel dafür. Tagtäglich wird Abschied genommen – von Familienangehörigen, Freunden und Freundinnen, von Bekannten. Das Bewusstsein, dass keine Garantie besteht, diesen Menschen je wieder zu sehen, lässt die Begegnung in einer anderen Erlebnisqualität erscheinen. Die Einzigartigkeit der Begegnung verstärkt die Fähigkeit, das Erlebte für sich abrunden zu können, es wertzuschätzen, und loszulassen. Selbstverständlich wäre es eine Überforderung und würde sicherlich auch die Lebensqualität mindern, wenn dauernd an diesen Aspekt gedacht würde. Die von Zeit zu Zeit stattfindende bewusste Reflexion führt jedoch sicherlich zu einem Gewinn an Wertschätzung, Dankbarkeit, Bescheidenheit und Demut. Die Auseinandersetzung mit dem Tod befreit uns von einer radikalen Opferhaltung, weil wir für unser Leben Verantwortung übernehmen. Dies fällt auch gar nicht so schwer, denn die möglicherweise schwierigsten Momente im Leben relativieren sich mit dem folgenden Gedanken:

> Welche Bedeutung hat dies noch für mich, wenn ich in einer Stunde tot bin?

Diese Frage mag sich zuerst vernichtend anhören, aber sie kann sehr hilfreich sein. Bei allem, was eine Herausforderung darstellt, sei es ein Auftritt vor Publikum, ein schwieriges Gespräch mit einer nahestehenden Person oder einem Mitarbeitenden, eine aufregende Verabredung, stellt sich Folgendes heraus: Vor der Direktheit dieser Frage zerbröselt jede Überforderung zu wenig mehr als ein Häufchen Staub. So fällt der Umgang mit dem Bevorstehenden leichter aus. Dies entlastet, da wir loslassen und somit die Kontrolle abgeben können. Sterben ist das ultimative Loslassen dessen, wer man ist und was man ist.

Indem wir über unseren eigenen Tod reflektieren, entsteht zu Lebzeiten ein innerer Friede, eine Gelassenheit und Ruhe. So können wir an unserem Lebensende akzeptieren, dass nicht alle Pläne und Erlebnisse zu einem guten Ende gekommen sind. Bereits zu Lebzeiten können wir die Dinge, die uns sehr belasten, in andere Hände legen – nicht im Sinne eines Freipasses oder einer Blankovollmacht, sondern als eine hilfreiche, eigene Unterstützung hin zu einer selbstachtsamen Entlastung. Wir begegnen uns selbst mit Wohlwollen und der Erkenntnis, in der belastenden Situation keine andere Handlungsoption gehabt zu haben als diejenige, für die wir uns entschieden haben. Diese Haltung hilft uns, uns selbst zu verzeihen und zu vergeben. Die Selbstverurteilung ist einer selbstachtsamen Haltung gewichen.

Folgende konkrete Fragen können dabei helfen:

- Was bedeutet der eigene Tod für mich?
- Welche Ängste lösen diese Gedanken aus?[61]
- Wie möchte ich mit diesen umgehen? Welche positiven und negativen Konsequenzen muss ich bedenken? Möchte ich diese beibehalten oder eliminieren?

---

[61] Bilz Rudolf, deutscher Psychiater (1898–1976) spricht von einer «Disgregationsangst» (Bilz, 1971). Damit ist die Angst vor dem sozialen Tod gemeint, es nicht «wert» zu sein, in der Gemeinschaft zu verbleiben. Sie ist eine aus vormenschlicher Zeit stammende Angst, aus der Herde vertrieben und ausgeschlossen zu werden.

- Habe ich mein Bestes gegeben?
- Habe ich Liebe verschenkt? Auch an mich?

Auch das Lebensende ist Teil des Lebens. Manche Menschen haben das Bedürfnis, auch nach ihrem Tod für ihren Leib zu sorgen. Während wir uns auf unser Lebensende vorbereiten, können wir auf unsere Wünsche hören, diese planen und offen kommunizieren:

- Wie möchte ich bestattet werden?
- Wer soll etwas über mein Leben erzählen?
- Was soll über mein Leben gesagt werden?
- Welche Musik soll gespielt werden?
- Möchte ich meinen geliebten Mitmenschen eine Botschaft hinterlassen?

Indem wir die letzten Dinge vorbereiten, können wir unsere Wünsche wahrnehmen, unsere Bedürfnisse achten und mit unseren Mitmenschen darüber sprechen – eine bessere Gelegenheit, die Selbstachtung zu leben, ist fast nicht vorstellbar. Im Sterbeprozess selbst hängt die Wahrnehmung der Selbstachtung stark vom geistigen Zustand der sterbenden Person ab. Wer sich selbst nicht mehr wahrnehmen kann, sollte diese Aufgabe beizeiten an Angehörige, Pflegende oder auch Sterbebegleitende delegieren.

Ein Leben nach dem Tod?

Diese Frage wird wohl nie schlüssig beantwortet werden können. Sie wird zu einer Frage der Annahme und nicht zwingend eine Frage des Glaubens. Welche Antwort wir uns auf diese Frage geben und welche Konsequenzen diese Antwort nach sich zieht – dies alles beeinflusst unsere Selbstachtung. Nehmen wir an, dass es kein Leben nach dem Tod gibt, dann haben wir die Aufgabe, alle Dinge, alle Unterfangen, die sich ein Mensch in diesem Leben geben möchte, auch in diesem Leben zu verwirklichen. Eine ganz andere Dynamik entsteht, wenn wir von einem Leben nach dem Tod ausgehen. Der Tod bedeutet dann eine Tür, die sich zu neuen Möglichkeiten öffnet. Damit wird es möglich, die Grenzen des eigenen Selbst und jene dieser Welt im eigenen Denken und der Vorstellung zu überschreiten. Das Wissen um unsere Endlichkeit wird um die Option der Unendlichkeit erweitert. Es kann in diesem Fall von einer Art Lebenskunst gesprochen werden, da sich dadurch ein neuer Sinn des Lebens ergeben kann. Das jetzige Leben wird um das Leben im Jenseits erweitert. Die Beurteilung unseres jetzigen Lebens wird sich nicht nur auf die Schönheit und das gute Leben beschränken, sondern würde sich durch «… die Erfahrung einer Fülle über das gelebte Leben hinaus, die Erfahrung der Geborgenheit in einer Unendlichkeit auch auf weltliche Weise …» (Schmid, 2004, S. 429) erfüllen. Wer dies glaubt, gewinnt ein Bewusstsein über sich hinaus und schliesst sich nicht in Raum und Zeit der eigenen Endlichkeit ein. Wenn wir ein Weiterleben für möglich halten, ist der Tod nur eine Tür, deren Schwelle wir überschreiten. Diese Vorstellung kann der Endlichkeit unseres Lebens den Schrecken nehmen.

MÖGLICHE GRENZEN UND FALSCH VERSTANDENE SELBSTACHTUNG

Und auf dem höchsten Thron der Welt sitzen wir doch nur auf unserem Gesäss.

Michel de Montagne

Du dichtest, das ist das Wichtigste,
Du dichtest, das ist das Nichtigste.

Theodor Fontane

Je ernster man sich nimmt, desto weniger hat man zu lachen.

Paul Mommertz

Bei so vielen individuellen und auch kollektiven Vorzügen, die die Selbstachtsamkeit mit sich bringt, muss sie auch Grenzen haben. Auf diese wird in diesem Kapitel näher eingegangen. Bereits erwähnt wurde, dass die Selbstachtsamkeit immer auch im Zusammenhang mit der bestehenden Ethik und Moral zu sehen ist. Die Selbstachtsamkeit hört sicherlich dort auf, wo sie **ethische und moralische Wertvorstellungen und das demokratisch legitimierte Recht** in einer Gesellschaft verletzt.[62]

---

[62] Ausnahmen sind jedoch bedenkenswert: Die Segregation zwischen schwarzer und weisser Bevölkerung war in den USA zu jener Zeit moralisch korrekt und demokratisch legitimiert. Die Gleichwertigkeit zwischen den Menschen war jedoch nicht gegeben und somit war die Selbstachtsamkeit sich und anderen gegenüber auch nicht gewährleistet.

Es sind jedoch noch andere Begrenzungen oder mögliche negative Auswirkungen der Selbstachtung zu nennen, die vielleicht auf den ersten Blick nicht auffallen.

Jeder Mensch hat **Rechte und Pflichten**, die er im **Umgang mit sich selbst einhalten** muss. Eine dieser Pflichten ist die Pflicht, nichts gegen sich selbst zu tun, was der Selbstachtung schadet. Zudem setzt die Selbstachtung voraus, dass ich niemandem aktiv Schaden zufügen will. Daraus kann abgeleitet werden, dass ein Mensch es sich selbst gegenüber schuldig ist, nichts zu tun, was die Pflichten gegen andere verletzen würde. Aber wie können wir wissen, was wir uns selbst schuldig sind? Diese Frage ist allgemein nicht zu beantworten, sondern muss im jeweiligen Gesamtzusammenhang gesehen werden.

Ein Beispiel: Zwei sehr gute Schachspielerinnen treten gegeneinander an. Eine der beiden sieht, dass sie in drei Zügen matt gesetzt werden wird. Soll sie weiterspielen oder aufgeben? Was ist selbstachtsam in dieser Situation? Was ist sie sich selbst schuldig? Soll sie wider besseres Wissen weiterkämpfen wie eine schlechte Verliererin oder aufgeben und den Sieg der anderen akzeptieren und anerkennen? Als gute Schachspielerin fühlt sie, dass es sicherlich ein eher unwürdiges Schauspiel ist, mit dem Spiel fortzufahren. Ein Weiterkämpfen kommt einer Selbstschädigung gleich, obwohl es die Regeln des Schachspiels erlauben würden. Die zentralen Fragen lauten: «Wie stehe ich vor mir besser da? Was bin ich mir selbst schuldig?» Diese Fragen können wie folgt präzisiert werden: «Stehe ich vor mir besser da, wenn ich weiterkämpfe, oder bin ich es mir schuldig, das unwürdige Spiel zu beenden?» Je nach Antwort folgt dann die passende Handlung. An dieser Stelle sei auch erwähnt, dass mögliche Gedanken über die Gegnerin eine

Rolle spielen können, weil zu ihr auch eine Beziehung besteht. Die Fragen, die sich hier stellen, lauten: «Wie beeinflusst meine Entscheidung die Beziehung zu meiner Gegnerin? Was hält sie von mir als Schachspielerin, wenn ich ihre Möglichkeit des Gewinnens nicht sehe oder nicht sehen will?» Aus der Beantwortung dieser Fragen kann selbst erkannt werden, dass möglicherweise eine Charakterschwäche[63] vorliegt, wenn nicht aufgegeben werden kann. Der Entscheid, wider besseres Wissen weiterzukämpfen, käme einer Selbstdemütigung gleich.

In einer selbstachtsamen Gesellschaft haben alle die Pflicht, einander zu unterstützen. Jede Person soll ihren Pflichten sich selbst gegenüber gerecht werden. **Demütigungen** sollen thematisiert werden, weil die Selbstachtung stark mit der Würde verknüpft ist.

Wenn beispielsweise ein gewalttätiger Mann seine Frau schlägt, entwürdigt er sie damit im höchsten Masse, denn der Mann behandelt sie wie «einen Menschen zweiter Klasse». Ihre Selbstachtung wird geschädigt, weil ihr Mann ihre Würde als Mensch nicht respektiert. Hier sind die Mitmenschen dazu aufgerufen und moralisch verpflichtet, Gegenmassnahmen zu ergreifen. Falls dieser Mann zu einem späteren Zeitpunkt realisieren würde, was er seiner Frau angetan hat, und eine tiefe und ehrliche Reue spürte, müsste er sich für seine Taten selbst verachten. Sein Handeln war brutal, feige und lieblos.

---

[63] Eine solche Charakterschwäche wird an folgenden Sätzen deutlich: «Kämpfe um jeden Preis – bis zum bitteren Ende! Ich kann und darf nicht verlieren.»

Eine weitere Grenze der Selbstachtsamkeit ist die **Selbstgefälligkeit**. Diese ist dann gegeben, wenn die Selbstachtung ins tendenziell eitle, anmassende oder überhebliche Denken und Handeln zu kippen droht. Dieser Zustand hat mit Selbstachtung nichts mehr zu tun. Zudem wäre es nicht mehr im Sinne des Gemeinwohls und hat auch nichts mehr mit Selbstrespekt zu tun. Hier kann das bereits erläuterte, geistige Warndreieck helfen, das uns zur Vorsicht mahnt und aus der hochmütigen und selbstüberschätzenden Haltung zurück auf den Boden der Tatsachen holt. In diesem Sinne kann nicht mehr von Selbstachtung, sondern von Selbstüberschätzung gesprochen werden.

Auch der Begriff des **Starrsinns** muss von der Selbstachtung abgegrenzt werden. An sich zu glauben, zu sich zu stehen – das sind Eigenschaften, die unter den Begriff der Selbstachtsamkeit fallen. Starrsinn ist ein unnachgiebiges Verhalten, das von Eigensinn und Sturheit geprägt ist. Es wird an einer Eigenschaft, einem Vorhaben auch dann noch festgehalten, wenn sie oder es bereits seit längerer Zeit unsinnig ist. Dies ist im Alltag beispielsweise bei Menschen zu beobachten, die zu stark von ihren eigenen Fähigkeiten überzeugt sind und sich auf riskante Vorgehensweisen versteifen.

Als Beispiel sei ein Unternehmer genannt, der bereits viermal mit seinen Firmen in Konkurs gehen musste. Immer ist er am selben Fehler gescheitert. Nun schickt er sich bereits zum fünften Mal an, diesen Fehler zu begehen. Hier gilt: Wer einen Fehler einmal macht und daraus lernt, gewinnt an Selbstachtung. Wer denselben Fehler immer wieder macht, hat entweder keine realistische Sicht auf die vorliegenden Umstände oder ist zu sehr von der eigenen Unfehlbarkeit überzeugt.

Auch eine Abgrenzung gegenüber der **Arroganz** ist sehr sinnvoll. Die Selbstachtsamkeit gleicht ein selbst empfundenes Minus aus. Sie führt mit der Selbstwirksamkeit zu einem gesunden Selbstwert, denn «Selbst-Wirksamkeit und Selbstachtung sind die dualen Grundpfeiler des Selbstwertgefühls» (Brandon, 2011, S. 42). Obwohl die Selbstachtung zu mehr Selbstwertgefühl und somit zu mehr Selbstvertrauen und Selbstsicherheit beiträgt, ist sie nicht mit Arroganz zu verwechseln: Arroganz hat mit Selbstachtung nichts zu tun. Arrogante Menschen sind überheblich und halten sich für etwas Besseres. Sie zeichnen sich meist dadurch aus, dass sie andere geringschätzen, abwerten oder über sie lästern. Sie sind tendenziell eingebildet, hochmütig und eitel. Wenn von arroganten Menschen gesprochen wird, halten diese sich meist nicht für arrogant. Die Bezeichnung ist eine zugeordnete Eigenschaft, da sie durch andere erfolgt. Diese Attribuierung erfolgt entweder durch den Austausch mit dieser Person oder kann auch durch eine Einschätzung aus der Ferne erfolgen. Ein übersteigerter Geltungsdrang ist oftmals der Treiber für Arroganz. Dieser Treiber kompensiert mangelnde Selbstsicherheit und mündet in einem Verhalten des Wichtigtuns, des Prahlens und der Einbildung. Wenn arrogante Menschen Kritik oder negative Reaktionen als Feedback erhalten, sind sie oft übermässig verletzt und reagieren mit Neid oder Eifersucht – das probate Mittel, um in ihrer eigenen Logik ihren Selbstwert zu schützen und zu bewahren. Es geht bei der Arroganz darum, mittels eines selbstgestrickten Arrangements die eingeschätzte Minderwertigkeit gegenüber dem Mitmenschen zu verstecken, während es bei der Selbstachtung um ein aufrichtiges Bemühen geht, des eigenen Wertes sicher zu sein und die persönlichen Wünsche, Bedürfnisse und

Gedanken mutig und in angemessener Weise geltend zu machen. Die Selbstachtung darf somit als eine geistige Errungenschaft bezeichnet werden, die im eigenen Innern sucht und findet. Selbstachtung manifestiert sich nicht in der Suche nach Beifall, materiellem Besitz oder jugendlichem Aussehen. Ob man bei anderen Menschen einen besonders guten Eindruck hinterlässt, ist eher ein «Beifang», nicht der Grund für die Selbstachtung. Selbstachtsame Menschen hören auf ihre Bedürfnisse und machen sich nicht von Meinungen anderer abhängig. Um sich selbst zu erkennen, ist die geistige Unabhängigkeit eine notwendige Voraussetzung.

Das individuell und kollektiv richtige Mass an Selbstachtung zu finden, ist eine lebenslange Aufgabe.

ÜBUNGEN ZU MEHR SELBSTACHTUNG

Auf lange Sicht ist unschwer zu erkennen, dass Menschen mit einem hohen Selbstwertgefühl glücklicher als solche mit einem geringen Selbstwertgefühl sind.

Nathaniel Brandon

Der Mensch ist alles durch Übung

Johann Heinrich Pestalozzi

Zu sich selbst vollkommen ehrlich zu sein, ist eine gute Übung.

Sigmund Freud

Es gibt sehr viele Übungen, die der Stärkung der Selbstachtsamkeit dienen, das Mitgefühl erhöhen oder helfen, das Gegenüber besser zu verstehen. Die nachfolgend aufgeführten Übungen stellen eine Auswahl dar, die sowohl spontan und gelegentlich oder auch wohlüberlegt und langfristig angewendet werden können.

Übungen, um das Gegenüber besser verstehen zu lernen

Wir bitten eine gute Freundin oder einen guten Freund, eine persönliche Geschichte oder etwas, das sie oder ihn beschäftigt, zu erzählen. Vorher kommunizieren wir, dass das eigene Zuhören, das sogenannte «aktive Zuhören» geschult werden soll. Wenn nun erzählt wird, fragen wir nach: «Wie war das für dich? Weshalb war das so schwierig/einfach für dich? Was hast du daraus gelernt?» Die erzählende Person wird also nach ihren

Gefühlen, Gedanken und Einschätzungen gefragt. Von Zeit zu Zeit übernehmen wir das Wort und fassen zusammen: «Habe ich das richtig verstanden, dass du...? Da höre ich heraus, dass du... Moment, ich muss das in meine Worte fassen, um zu schauen, ob ich richtig liege...!» Diese Paraphrasierung, also die Zusammenfassung des Erzählten in eigenen Worten, ist ein zentraler Bestandteil des empathischen Zuhörens. Der Erzähler oder die Erzählerin kann so Dinge entweder richtigstellen oder noch weitere Aspekte ausführen, die ihr durch das Anhören der Paraphrasierung in den Sinn gekommen sind. Indem wir aktiv zuhören, können wir besser verstehen und die Beziehung zur Erzählerin oder zum Erzähler vertiefen.

Bei weniger vertrauten Bekannten kann die nachfolgende Übung helfen, die wir nicht vorher ankündigen müssen. Sie dient der eigenen Erfahrung und der Reflexion, was bei dem Gespräch anders war als bei einer Unterhaltung, die absichtslos verlief. Wir

- bitten um ausführlichere Erklärungen oder Erläuterungen,
- beurteilen die andere Person nicht und lassen bereits gefällte Urteile über sie weg,
- verzichten auf eigene Selbstgespräche oder Gedanken oder lassen uns während des Zuhörens davon nicht ablenken,
- stellen keine Vergleiche mit uns selbst an,
- paraphrasieren wie beim aktiven Zuhören.

In der Reflexion nach dem Gespräch können dann Überlegungen angestellt werden, was sich durch das aktive Zuhören verändert hat. Hat sich mein Verständnis der anderen Person verändert?

Hat sich das Gespräch in eine persönliche, empathische Richtung entwickelt? Welche Erkenntnisse habe ich durch dieses Gespräch gewonnen?

Übungen zur Stärkung des Mitgefühls

Eine erste Übung besteht darin, dass wir uns ein Ereignis der Vergangenheit in Erinnerung rufen. Dieses Ereignis durchleben wir in unserer Erinnerung noch einmal. Wir begleiten uns dabei selbst mit Empathie.

Am besten setzen wir uns dazu auf einen Stuhl und schliessen die Augen. Das Ereignis lassen wir vor unserem inneren Auge ablaufen und realisieren, was da war, achten auf die verschiedenen Farben, Geräusche und Gerüche. Diese Erinnerungen lassen wir nicht nur gedanklich auf uns wirken, sondern auch emotional. Wir nehmen uns für diese Aufgabe die Zeit, die wir brauchen. Während dieses Erinnerungsfilms stellen wir uns die folgenden Fragen. Wir warten geduldig auf die Antwort und geben uns Zeit:

- Welches Bedürfnis wollte ich damals erfüllen?
- Was dachte ich damals in dieser Situation?
- Welche Gefühle oder Schmerzen beeinflussten mich?

Vielleicht lautet eine Antwort: «Ich habe mich ohnmächtig gefühlt und hatte solche Angst!» Eine andere kann sein: «Ich wäre so gerne mutiger gewesen!» Mit den Antworten auf diese Fragen ist es dann an der Zeit, das Geschehene zu akzeptieren und loszulassen. Wir teilen unserem Erinnerungs-Ich während des Films mit: «Ich wünschte, es wäre nie passiert, aber ich habe damals so gehandelt, weil ich nicht anders konnte. Es war ein Fehler und trotzdem akzeptiere ich mich.»

Auch für die Stärkung des Selbstmitgefühls gibt es eine meditative Übung. Dazu nehmen wir auf einem Stuhl Platz und schliessen die Augen. Es empfiehlt sich, drei bis vier tiefe und hörbare Atemzüge zu nehmen, um ins Hier und Jetzt zu kommen. Dann stellen wir uns vor, wie wir – gleichsam als Kopie unserer selbst – uns gegenübersitzen. Wir nehmen uns als unser eigenes Gegenüber wahr: Wie sitzt unser gespiegeltes Ich auf dem Stuhl? Wie fühlen wir uns dabei? Danach lassen wir unser Gegenüber Folgendes zu uns sagen:

«Ich bin ein wertvoller Mensch, weil ich Mensch bin. Andere sind genau gleich viel Wert wie ich. Ich treffe Entscheidungen und nehme meine Verantwortung nach bestem Wissen und Gewissen wahr. Ich brauche mich für meine Bedürfnisse nicht zu rechtfertigen. Meine Fehler akzeptiere ich, ohne mich zu beschuldigen, und lerne aus ihnen.»

Wir lassen nun – immer noch mit geschlossenen Augen – die gegenübersitzende Person aufstehen, zu uns kommen und verschmelzen miteinander.

Es empfiehlt sich, diese Übung mehrmals zu wiederholen, da der Zugang zu sich selbst in einer Art Trance anders möglich ist, als wenn dies rein kognitiv während einer anderen Tätigkeit geschieht (z. B. beim Autofahren oder beim Warten an der Haltestelle darüber nachdenken).

Sowohl beim Mitgefühl als auch beim Selbstmitgefühl ist es wichtig, dass mein Wert und der Wert der Mitmenschen nicht vom Verhalten abhängen, sondern von der Tatsache, dass wir alle lebendige, fühlende und mit Bewusstsein ausgestattete Wesen sind.

Übungen zur Stärkung der Selbstachtung

Um den Saboteur der Selbstachtung, den inneren Kritiker, zu entmachten, ist folgende Übung hilfreich:

- Entlarve deinen inneren Kritiker!
  Innerlich gehörte Kritikersätze konsequent aufschreiben, entweder für einen bestimmten Zeitraum (mehrere Tage) oder bei einer bestimmten Tätigkeit (Arbeit); alle Sätze aufschreiben; bei Wiederholungen Striche zum Zählen verwenden.
- Analysiere deinen inneren Kritiker!
  Nach einer gewissen Zeit lesen wir die aufgeschriebenen Sätze durch und stellen uns die Frage nach der Strategie des inneren Kritikers (unfaire Vergleiche, übertriebene Verantwortung, perfektionistische Ansprüche). Wir halten uns vor Augen, dass die eigene Messlatte der Forderungen zu hoch ist, und finden die für uns richtige Höhe der Messlatte.

Tipp
Welche Sätze haben wir primär von unseren Eltern gehört? Diese sind in unserem Eltern-Ich[64].

---

[64] Der Begriff entstammt neben dem Kindheits- und dem Erwachsenen-Ich aus der Transaktionsanalyse nach Eric Berne. Das Eltern-Ich beinhaltet

Anschliessend prüfen wir, ob diese Sätze beibehalten oder eliminiert werden sollen. Dazu kann folgende Formulierung verwendet werden: «Ich entscheide mich ...». Das nachfolgende Beispiel zeigt den skizzierten Vorgang:

Satzbeispiel Eltern-Ich:
«Du musst fleissig und ordentlich sein!» Nach der Prüfung verwenden wir folgende Formulierung: «Ich entscheide mich, fleissig und ordentlich zu sein.» Dabei horchen wir in uns hinein und nehmen unsere Gefühle beim Aussprechen des Satzes wahr. Stimmen wir diesem Satz zu? Fühlt es sich gut an, wenn wir ihn aussprechen? Wenn wir uns dabei nicht gut fühlen, lautet die nächste logische Frage: «Will ich mich denn überhaupt dazu entscheiden oder nur bei bestimmten Situationen oder gar nicht?»
In diesem Moment tritt der bereits mehrfach erwähnte Wechsel vom Objekt (fremdbestimmt) zum Subjekt (selbstbestimmt) ein.

- Gehe mit deinem inneren Kritiker um!
  Falls der Satz in der Folge wieder irgendwann auftauchen sollte, kann dem inneren Kritiker auch mit einer «konfrontierenden Milde» und einem inneren Lächeln begegnet werden: «Ach, du bist auch wieder da! Das hatten wir doch schon einmal! Geh dorthin zurück, wo du herkommst!»

Sätze, die wir in Form von Geboten in frühen Lebensjahren ungeprüft übernommen haben.

Eine weitere Übung zur Selbstachtung besteht darin, dass wir einem guten Freund, der Partnerin oder dem Partner während fünf Minuten aufzählen, was wir an uns mögen oder schätzen. Dies ist insofern hilfreich, als die Worte nicht nur gedacht, sondern auch ausgesprochen werden. Fünf Minuten können eine lange Zeit sein, insbesondere wenn wir uns allzu oft selbst kritisieren oder uns höchstens als durchschnittlich einschätzen. Am Ende dieser fünf Minuten kann ein Staunen oder eine Art Begeisterung da sein, dass wir uns unserer eigenen Vorzüge gar nicht bewusst waren. Wir können dann unsere eigenen Gefühle reflektieren. Zudem hat die Zuhörerin oder der Zuhörer die Gelegenheit, ein konstruktives Feedback zu geben oder sogar noch weitere wertschätzende Eigenschaften beizufügen.

LITERATURVERZEICHNIS

André, C., & Lelord, F. (2011). *Die Kunst der Selbstachtung.* Berlin: Aufbau Verlag GmbH & Co. KG.

Ansbacher, H. L., & Ansbacher, R. R. (1995). *Alfred Adlers Individualpsychologie (vierte, ergänzte Auflage).* München: Ernst Reinhardt GmbH & Co.

Bauer, J. (2006). *Warum ich fühle, was du fühlst (16. Auflage).* Hamburg: Hoffmann und Campe AG.

Bauer, J. (2016). *Der Beitrag der "Sozialen Neurowissenschaften" zum Verständnis der Psyche in: Psychotherapie-Wissenschaft Band 6/Heft 1/.* Zürich: Schweizer Charta für Psychotherapie.

Bilz, R. (1971). *Paläoanthropologie. Der neue Mensch in der Sicht einer Verhaltensforschung.* Frankfurt: Suhrkamp.

Brandon, N. (2011). *Die 6 Säulen des Selbstwertgefühls (2. Auflage).* München: Piper Verlag GmbH.

Brunner, R., Kausen, R., & Titze, M. (1985). *Wörterbuch der Individualpsychologie.* München: Ernst Reinhardt GmbH & Co.

Candreia, M. (16.. Oktober 2021). Neurospiritualität - Was uns das Gehirn über Religion verrät. Schweiz: Radio srf2. Von https://www.srf.ch/audio/perspektiven/neurospiritualitaet-was-uns-das-gehirn-über-religion-verraet?id=12090410 am 11. Oktober 2022 abgerufen

Candreia, M. (19. Oktober 2021). *srf.ch/kultur.* Abgerufen am 3. März 2022 von : https://www.srf.ch/kultur/gesellschaftreligion/glaube-und-gehirn-spiritualitaet-ist-tief-in-unserem-nervensystem-verankert.

Cullberg Weston, M. (2011). *Auf der Suche nach dem inneren Kind.* Weinheim und Basel: Beltz Verlag.

Dreikurs, R. (1990). *Grundbegriffe der Individualpsychologie (6. Auflage).* Stuttgart: Ernst Klett Verlag.

Fromm, E. (2001). *Die Kunst des Liebens (8. Auflage).* München: Wilhelm Heyne Verlag GmbH & Co. KG.

Haas, J. (2015). *Jenseitige Welten.* München: Knaur MensSana.

Horn, C. (2006). *Ethikrat.org.* Von https://www.ethikrat.org/fileadmin/Publikationen/Tagungsd okumentationen/Tagungen_2004_Wie_wir_sterben-Selbstbestimmung_am_Lebensende.pdf. abgerufen

Kübler-Ross, E., & Kessler, D. (2003). *Geborgen im Leben.* München: Droemersche Verlagsanstalt.

Lattmann, U. P. (2018). *Den Seiltanz wagen.* Glarus/Chur: Edition Rüegger.

Maio, G. (2018). *Werte für die Medizin.* München: Kösel-Verlag.

Martin, W. F. (2014). *Vier Schritte zur Vergebung.* Von https://globalforgivenessinitiative.com/user/pages/downloa d/Vier-Schritte-zur-Vergebung-William-Fergus-Martin.pdf. abgerufen

McKay, M., & Fanning, P. (2010). *Selbstachtung - Das Herz einer gesunden Persönlichkeit (3. Auflage).* Paderborn: Junfermannsche Verlagsbuchhandlung.

Poraj, A. (2019). Das Ich aus der Sicht des Zen-Buddhismus. Holzkirchen, Deutschland. Von https://www.youtube.com/watch?v=Rr3tDpPZW4l. abgerufen

Posth, R. (2009). *Vom Urvertrauen zum Selbstvertrauen (2. verbesserte Auflage).* Münster: Waxmann Verlag GmbH, Münster.

Rilke, R. M. (1997). *Briefe an einen jungen Dichter.* Zürich: Diogenes Verlag AG.

Rilke, R. M. (2013). *Du musst dein Leben ändern (2. Auflage).* Berlin: Insel Verlag.

Roth, G. (2017). *Persönlichkeit, Entscheidung und Verhalten.* Stuttgart: Klett-Cotta.

Röther, C. (15. Juli 2021). *www.deutschlandfunk.de.* Von : https://www.deutschlandfunk.de/religion-und-hirnforschung-spiritualitaet-ist-tief-in-der-100.html. abgerufen

Schmid, W. (2004). *Mit sich selbst befreundet sein.* Frankfurt am Main: Suhrkamp Verlag.

Schneider-Gurewitsch, K. (2020). *Reden wir über das Sterben.* Zürich: Limmat Verlag.

Strasser, P. (2009). *Über Selbstachtung.* München: Wilhelm Fink Verlag.

Wolf, J.-C. (1997). Zur moralischen Bedeutung von Selbstachtung. *Freiburger Zeitschrift für Philosophie und Theologie, (Bd. 44).*

NACHWORT

Ich hoffe, Sie konnten durch die Lektüre dieses Buches einige neue Erkenntnisse für sich gewinnen und somit Ihre Beziehung zu sich selbst und die zu anderen für Sie stimmig entwickeln. Wenn es Ihnen gefallen hat, empfehlen Sie das Buch weiter. Falls das Gegenteil der Fall ist, bitte ich Sie, mir mitzuteilen, was und wie ich es noch verbessern könnte.

Auf jeden Fall bin ich froh und dankbar, wenn Sie mir auf die nachstehenden Fragen eine Rückmeldung auf mbrki@bluewin.ch geben könnten – natürlich nur, wenn Sie dies möchten.

- Was bewirkt das Gelesene bei Ihnen?

- In welchen Bereichen konnten Sie für sich Fortschritte erzielen?

- Wie gehen Sie selbstachtsamer mit sich um?

- Was haben Sie zum Guten verändert?

- In welchen Bereichen Ihres Lebens erfahren Sie durch die Erhöhung der Selbstachtsamkeit mehr Lebensqualität?

Ich wünsche Ihnen, dass Sie sich und Ihre Bedürfnisse achten, damit Sie und Ihre Mitmenschen viel Freude am Leben haben!

Martin Bürki   Rüthi, im November 2022

DER AUTOR

Martin Bürki wurde 1960 geboren, absolvierte in seiner Erstausbildung eine kaufmännische Lehre und studierte Betriebsökonomie. Seine Faszination für den Menschen führte ihn zu einer Ausbildung als individualpsychologischen Berater und zu einem Master of Advanced Studies in Coaching. Seit mehreren Jahren ist er als selbständiger Coach tätig und berät Menschen in ihren verschiedensten Rollen und Lebenslagen. Er ist verheiratet, Vater dreier erwachsener Kinder und lebt in Rüthi (St. Galler Rheintal, Schweiz).